何炳松历史教育思想研究

张天明 著

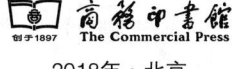

2018年·北京

图书在版编目（CIP）数据

何炳松历史教育思想研究 / 张天明著 . —北京：商务印书馆，2018
ISBN 978-7-100-16683-6

Ⅰ.①何… Ⅱ.①张… Ⅲ.①何炳松（1890—1946）—历史教学—教育思想—研究 Ⅳ.① K825.81 ② K-4

中国版本图书馆 CIP 数据核字（2018）第 225654 号

权利保留，侵权必究。

何炳松历史教育思想研究
张天明 著

商 务 印 书 馆 出 版
（北京王府井大街36号 邮政编码100710）
商 务 印 书 馆 发 行
北 京 冠 中 印 刷 厂 印 刷
ISBN 978 - 7 - 100 - 16683 - 6

2018年11月第1版	开本 787×960 1/16
2018年11月北京第1次印刷	印张 14¼ 插页 1

定价：48.00元

何炳松先生

目 录

前 言 ·· 1

第一章　何炳松历史教育思想的理论渊源 ························· 1
　第一节　史学思想渊源 ·· 1
　第二节　教育思想渊源 ·· 10
　第三节　历史教育思想渊源 ·· 15

第二章　何炳松历史教育思想的嬗变 ································ 19
　第一节　萌芽时期 ·· 19
　第二节　形成时期 ·· 23
　第三节　成熟时期 ·· 27

第三章　何炳松历史教育目的观 ·· 31
　第一节　帮助学生明白现状 ·· 31
　第二节　培养人的"智慧" ·· 34
　第三节　推进民族复兴 ·· 37

第四章　何炳松历史教科书思想 ……………………………… 41
第一节　历史教科书中的进化总体史观 ……………………… 42
第二节　历史教科书中的人种史观 …………………………… 55
第三节　历史教科书的选材标准 ……………………………… 58
第四节　历史教科书的详略安排 ……………………………… 73
第五节　历史教科书的呈现方式 ……………………………… 79
第六节　历史教科书和参考书的选择 ………………………… 87

第五章　何炳松历史教学思想 …………………………………… 92
第一节　历史教学的根本原则 ………………………………… 92
第二节　历史教学的入手途径 ………………………………… 100
第三节　历史"动的"教授法 ………………………………… 103
第四节　历史比较法 …………………………………………… 105
第五节　中小学史学研究法 …………………………………… 108

第六章　何炳松其他历史教育思想 ……………………………… 117
第一节　历史课程资源观 ……………………………………… 117
第二节　历史考试思想 ………………………………………… 120
第三节　历史学科渗透思想 …………………………………… 128

第七章　何炳松历史教育思想的地位 …………………………… 138
第一节　思想为当时的国家课程标准所吸收 ………………… 138
第二节　历史教科书影响广泛而深远 ………………………… 147
第三节　初步构建我国近代历史教育学科体系 ……………… 149

第八章 何炳松历史教育思想的启示 …………………… 154
　第一节　历史教育的本土化 ……………………………… 154
　第二节　历史教育的学科性 ……………………………… 161
　第三节　历史教育的衔接性 ……………………………… 170

主要参考文献 ……………………………………………… 180
附：何炳松年谱 …………………………………………… 192
后　记 ……………………………………………………… 210

前　言

何炳松（1890—1946），字柏丞，浙江金华人，我国著名的历史学家、出版家、历史教育家。金相成先生指出，何炳松既是我国"历史教学法"学科的开拓者和建设者，又是我国力图摒弃"欧洲中心论"、独立编著中学《外国史》课本的第一人。[1] 刘善龄先生曾言："民国时期著名史学家普遍关心学校的历史教育，但以历史教育家名世恐怕只有中国新史学派的创立者何炳松。"[2] 足见何炳松先生在我国历史教育发展史上的重要地位。

何炳松先世为南宋何基，创立北山学派。其父何寿锉，笃守朱熹之学，是金华有名的塾师，以教书严厉著称。何炳松从五岁到十四岁，都在父亲的教授下接受传统式教育。中国传统文化的熏陶，父母亲为人处世的影响，促成了他随遇而安的性格特征。他以"出世"之心做"入世"之事。无论是在浙江视学，北京教书，还是掌管浙一师，以及到商务印书馆编译所和后来掌舵暨南大学，他均全力尽心而为，孜孜以求尽好。

自1903年起，何炳松就读于金华府中学堂。1906年，他被保送

---

[1] 金相成.何炳松对历史教育的贡献［J］.暨南学报（哲学社会学），1991（2）：60—63.
[2] 聂幼犁.历史课程与教学论［M］.杭州：浙江教育出版社，2003：27.

入浙江高等学堂学习。1912年,他留学美国,先后就读于加利福尼亚大学伯克利分校、威斯康星大学、普林斯顿大学等名校。1916年7月,何炳松在父母的严函催促下回国。这一段留学生活,是何炳松的史学思想形成的重要阶段。他在谈到这一段留学生活时,这样说道:"倘使我那年老的双亲不严函催促,我决不会只在美国读了五年的书。"其不舍之情溢于言表。

何炳松于1916年回国,此后的三十年,是何炳松报效国家的三十年。这三十年,新文化运动、五四运动、大革命、十年内战(1927—1937)、抗日战争,一幕幕跌宕起伏的历史话剧真实地逐次上演,中国社会从内到外经受了一次次剧烈的震荡。作为时代先锋的知识分子将国家的兴衰与个人的命运紧紧连在一起,何炳松即是其中的先进一员。1916年9月,他被任命为浙江省省长公署助理秘书。1917年3月,又被任命为浙江省视学。1917年9月至1922年9月,在北高师、北大任教,开设西洋文明史、历史研究、欧洲史等课程,并担任过北高师史地部主任、英语部主任、国文部主任、北高师《史地丛刊》编辑部主任等职。1922—1924年,何炳松在浙江省第一师范学校担任校长。为报桑梓,秉力办学。然而浙江一师毒案实在惨痛,何炳松为此心力交瘁。用他的话说,是"出于意外地吃了两足年的苦"。1925年任武昌师范大学校长。这期间,何炳松翻译了美国鲁宾逊的《新史学》(1924),编译了《中古欧洲史》(1924)和《近世欧洲史》(1925)等。

1926年何炳松到上海进入商务印书馆编译所,不久就担任史地部主任,后又兼国文部主任。在1928—1935年间,何炳松先后担任商务印书馆编译所副所长、所长、大学丛书委员会委员等职,兼光华大学、大夏大学教授。1934年被选为中华学艺社理事长。他参加了很多大型辞书的编纂和校订,主编《中学史学丛书》《教育杂志》等书刊。在商务印书馆的十一年,是何炳松学术的鼎盛时期。他致力于西方新思想与中国传统文化的融合，大力译介西方学术著作，撰写大量论著。这期间他发表论文几十篇，著作、译著十六种，代表著作是《历史研究法》（1927）、《西洋史学史》（1929）、《通史新义》（1930）等，为当时史学界了解西方史学提供了广阔的平台。在历史教育上翻译出版了约翰生的《历史教学法》（1926），参与编写了1929年初中历史课标等，出版了《新时代历史教科书》《复兴历史教科书初中外国史》《复兴历史教科书高中外国史》等。

1935年7月，何炳松被任命为国立暨南大学校长。其时，国民政府将一些公立大学、学院和专科学校重新组合并成立了13所国立大学，暨南大学即是其中之一。他到校后，一方面修建校舍，增购大量图书设备，一方面延聘国内著名专家学者，充实教授阵容。何炳松掌舵十一年，办学突出了华侨教育的办学特色。他对侨生关怀备至，强调学行并重，以"忠信笃敬"为校训，加强传统文化的学习，还主张学以致用、学术救国，从而使得暨大学术研究蔚然成风，社团林立，刊物如雨后春笋般地出现。

何炳松先生任暨南大学校长之际，正是日本侵略战火紧迫之时。两年后，日本帝国主义发动了"八·一三"事变，何校长及时组织力量把暨大迁至法租界，继而又迁入公共租界继续办学，成为当时上海"孤岛"上唯一的一所国立综合性大学。1940年春汪精卫在南京就任伪职，令上海各校放假庆祝，何炳松坚决拒绝。何炳松还参加了"文献保存同志会"，抢救沦陷区古籍，至太平洋战事爆发，搜购工作暂停。两年间，遍访各地书肆、藏书家，得善本4864部，48000余册，其他线装书11000多部。1941年12月8日，日军进占租界，何炳松积极筹划在内地创立了暨大分校，抢在上海沦陷之前，率师生迁往福建建阳，保存了实力，使暨南大学弦歌不辍。何炳松先生主张学术百家争鸣，当时暨大有"东南民主堡垒"之称。

何炳松在不同的阶段承担不同的使命，每每鞠躬尽瘁，殚精竭虑，身体状况遂急转直下。1946年6月，何炳松调任国立英士大学校长，却因病未能到任。同年7月25日逝世于上海中华学艺社，墓葬金华城北道院塘。

就历史教育而言，何炳松在长期的理论研究与实践探索中，取得了丰硕成果，撰写了《历史教授法》等历史教育论文，翻译了著作《历史教学法》，著成《新时代历史教科书》《复兴高级中学外国史》《复兴初级中学外国史》等中学历史教科书，还翻译、编著了一些与历史教育有密切关系的史学和教育论著，如：《新史学》《历史研究法》等。另外，何炳松还多次参与制定了历史课程标准。何炳松历史教育思想是丰富的，然而长期以来少有学者关注。这一局面直到20世纪80年代末才开始有所改变。

1990年何炳松先生100周年诞辰之际，刘寅生、谢巍、何淑馨主编的《何炳松纪念文集》[1]出版。在该论文集中，陈科美[2]、邱永明[3]、胡裕树[4]等学者对何炳松的历史教授法和外国史教科书等进行了简要论述。如邱永明指出，何炳松从"帮助明白现状"的历史效用出发，强调历史教学应该帮助学生明白现状，以达到解决现实问题和改造社会的目的，这在一定程度上揭示了历史学和现实的关系。

1　刘寅生，谢巍，何淑馨.何炳松纪念文集［C］.上海：华东师范大学出版社，1990：199—201.
2　陈科美.何炳松对我国近代理论与教育史及历史教授法的贡献［A］.刘寅生，谢巍，何淑馨.何炳松纪念文集［C］.上海：华东师范大学出版社，1990：189.
3　邱永明.何炳松《历史教授法》述论［A］.刘寅生，谢巍，何淑馨.何炳松纪念文集［C］.上海：华东师范大学出版社，1990：199—201.
4　胡裕树.何炳松先生与历史教学——重读中学教科书《外国史》的体会［A］.刘寅生，谢巍，何淑馨.何炳松纪念文集［C］.上海：华东师范大学出版社，1990：216.

胡裕树认为，何炳松编著的《外国史》既不赞同西方史学家所采用的欧洲中心论，又不愿把世界史写成国别史的拼凑，而是要显示世界史所应探索和所要说明的主题。同年，刘寅生、谢巍、房鑫亮编校的《何炳松论文集》[1]由商务印书馆出版。百年诞辰纪念之后，在刘寅生、房鑫亮等学者的努力下，《何炳松文集》第一至五卷在1996—1997年间陆续由商务印书馆出版。《何炳松论文集》与《何炳松文集》都是有关何炳松的综合性资料汇编。前者收录了何炳松毕生的主要史学与教育学论著，后者则不仅将何炳松的专著与论文收录其中，而且还包括序跋编、函电编，以及与暨南大学直接有关的报告编。[2] 这为后来学者研究何炳松历史教育思想提供了重要的参考资料。

就学术期刊上发表的单篇论文来说，金相成的《何炳松对历史教育的贡献》是较早对何炳松历史教育思想进行探讨的专文。[3] 该文发表在《暨南学报（哲学社会科学）》1991年第2期。文章对何炳松参与编制的《初级中学历史课程标准草案》进行了探讨，指出该草案为我国中学历史课程在教学目标、课时分配、教学内容、教学方法和作业设计等方面逐步趋向规范化、体系化、科学化奠定了理论基础；"草案"对于"教法要点"的规定，首先考虑到"引起学生兴趣而收其应有之成效"，这指明了教学方法必须服务于教学目标和效果这一重要问题。[4] 朱煜在1999年发表的《论何炳松的历史教育思想》[5] 是第

1　刘寅生，谢巍，房鑫亮编校.何炳松论文集［C］.北京：商务印书馆，1990.
2　岳颖.何炳松教育思想研究［D］.广州：暨南大学硕士，2007：2.
3　金相成.何炳松对历史教育的贡献［J］.暨南学报（哲学社会科学），1991（2）：60—63.
4　同上.
5　朱煜.论何炳松的历史教育思想［J］.扬州大学学报（高教研究版），1999（3）：13—16.

一篇对何炳松历史目的观、历史教材观、历史教学观等都有所涉及的文章，在框架上为后来者研究何炳松历史教育思想提供了借鉴。该文指出，何炳松主张编写外国史教科书要摒弃"欧洲中心论"，恢复亚洲应有的地位，力求客观地反映历史发展变化的真实面貌，体现出科学的历史教育思想和改革精神；何炳松以编演历史剧来"活现"历史的教学方法属于当今的情景教学法，何炳松所提出的养成学生"自动研究习惯"，其实就是为了培养学生的探究精神，而这正是美国布鲁纳"发现法"的宗旨，等等。但是，限于篇幅，该文对何炳松历史教育思想论述不够深入。同年，韦庆媛发表《何炳松与历史教科书》[1]一文，对何炳松的《新时代外国史教科书》中蕴含的教科书思想与观点进行了探讨，指出何炳松编撰的外国历史教科书因受新史学思想的影响，内容上增加了很多政治以外的历史。

进入新世纪，研究获得进一步发展，学界发表直接相关硕士学位论文6篇、学术论文10余篇，但未见著作。第一篇系统探讨何炳松历史教育思想的硕士论文是笔者在2005年写成的拙作《何炳松历史教育思想》[2]。该文在查阅了大量资料的基础上对何炳松历史教育思想形成、历史教育目的观、历史教材观、历史教学观、评价观及何炳松历史教育思想的地位与现代启示进行了深入探讨。论文指出，何炳松历史教育思想经历了萌芽、形成、成熟的演变过程。历史教育的目的是"帮助明白现状"、"培养人的智慧"、"推进民族复兴"的有机结合；何炳松所编撰的历史教科书以进化总体史观为指导思想；选材标准是"综合的研究"；历史教科书的内容要求"简明而切实"、"详近略远"、详于人类文化的重心；历史教科

---

1 韦庆媛.何炳松与历史教科书［J］.历史教学，1999（12）：27—29.
2 张天明.何炳松历史教育思想研究［D］.金华：浙江师范大学硕士，2005.

书采用章节体的通史体例；历史教科书的表达力求明白确切、生动形象。何炳松主张历史教学的根本原则是"活现过去"，注重"动的"教授法和历史比较法；主张历史教学"从社会全体入手"；历史教学的资源不仅仅局限于历史教科书等。何炳松认为，评价的功能在于促进学生自身发展，评价的内容应注意知识和能力相结合，评价的方式应该灵活多样。何炳松历史教育思想构建了我国现代历史教育的学科体系，其历史教育思想较为直接地为当时的国家课程标准所吸收，他所编撰的中学历史教科书影响广泛而深远。何炳松历史教育思想在本土化和学科性上尤其值得后人借鉴。

此后，首都师范大学的硕士生曹伟、华东师范大学硕士生黎文俊、东北师范大学硕士生闫明月均以相同或相似的题目对何炳松历史教育思想展开了进一步的探讨。曹伟的学位论文《试论何炳松的历史教育思想》（2009）对何炳松历史教育思想的史学理论基础进行了较大篇幅的探讨，并从课程论的角度对何炳松历史教育目的观和课程资源观展开了一定的研究。该文指出，何炳松将鲁宾逊为代表的"新史学"派思想输入中国，在中小学历史教学方面传播和推行这一学派的主张。他还兼收并蓄，综合美国鲁宾逊、德国朋汉姆、法国格诺瓦，以及我国章学诚等多位史学家的观点，形成了独特的史学观——进化的总体史观。[1] 黎文俊在其学位论文《何炳松历史教育思想研究》（2011）中将何炳松的历史教育思想与同时代其他教育理念进行比较，同时也将他的这种教育思想同现今的教育理念对比。最后，对其思想进行系统的概述，阐述其历史教育思想的时代特征和对现今历史教学中的借鉴和影响作用。[2] 闫明月的学位论

---

[1] 曹伟.试论何炳松的历史教育思想［D］.北京：首都师范大学硕士，2009.
[2] 黎文俊.何炳松历史教育思想研究［D］.上海：华东师范大学硕士，2011.

文《浅析何炳松的历史教育思想》（2014）首先通过社会背景、家庭背景、教育背景三方面分析其思想产生的渊源，其次将其教育思想的内容分为课程论与教学论两节进行逐层论述，最后论述何炳松历史教育思想对当今历史教学的启示和影响，其中包括强调教育本土化、加强学科间的联系和注重教育的学科性三点。[1]湖南师范大学硕士研究生秦润琼的学位论文《何炳松〈外国史〉教科书研究——以初中版为例》从编写背景、体裁结构和知识结构、教科书的特色和启示对何炳松的《外国史》教科书进行了专题研究。[2]何炳松对历史教育的重要贡献之一是翻译了约翰生·亨利的《历史教学法》。湖南师范大学硕士匡林林的学位论文以《约翰生·亨利〈历史教学法〉在中国的传播与影响》（2012）[3]为题对何炳松历史教育思想进行了较多论述。

新世纪以来，有关何炳松历史教育思想研究的专门学术论文也不多，笔者共收录13篇。其中，本人先后发表了《何炳松历史教科书选材思想探析》[4]《何炳松外国史教科书选材思想的现实启示》[5]《何炳松考试观及其现实启示》[6]《何炳松外国史教科书对人种问题

---

[1] 闫明月.浅析何炳松的历史教育思想［D］.长春：东北师范大学硕士，2014.
[2] 秦润琼.何炳松《外国史》教科书研究——以初中版为例［D］.长沙：湖南师范大学硕士，2013.
[3] 匡林林.约翰生·亨利《历史教学法》在中国的传播与影响［D］.长沙：湖南师范大学硕士，2012.
[4] 张天明，赵海红.何炳松历史教科书选材思想探析［J］.内蒙古师范大学学报（教科版），2007（8）.
[5] 张天明，赵海红.何炳松外国史教科书选材思想的现实启示［J］.中学历史教学，2007（11）.
[6] 张天明，赵海红.何炳松考试观及其现实启示［J］.教书育人（高教版），2008（3）.

的叙述》[1]《何炳松历史教育思想的嬗变》[2]《何炳松"活现过去"教学思想探析》[3]《何炳松论历史教育的学科性》[4]《何炳松历史教学思想探析》[5]《进化总体史观与何炳松历史教科书的编写》[6]《何炳松历史教育目的观探析》[7]等论文。

此外,相关的论文还有:何继润的《浅论何炳松历史教学的学科渗透思想》对何炳松历史教学学科渗透思想展开了探讨[8];范红军的《新史观、新通史方法、新世界史——何炳松〈复兴高级中学教科书外国史〉述评》对何炳松历史教科书的史学观进行了研究[9];秦润琼的《何炳松〈外国史〉教科书对当代历史教科书编撰的启示》一文[10]也是与其硕士论文《何炳松〈外国史〉教科书研究——以初中版为例》相关。朱煜的《历史教学的几个基本问题——读20世纪初

---

1 张天明.何炳松外国史教科书对人种问题的叙述[J].中学历史教学,2008(9).
2 张天明.赵海红.何炳松历史教育思想的嬗变[J].绵阳师范学院学报,2009(12).
3 张天明.何炳松"活现过去"教学思想探析[J].中学历史教学,2010(4).
4 张天明.何炳松论历史教育的学科性[J].教育评论,2010(2).
5 张天明,赵海红.何炳松历史教学思想探析[J].教育评论,2010(2).
6 张天明.进化总体史观与何炳松历史教科书的编写[J].中学历史教学,2010(12).
7 张天明,赵海红.何炳松历史教育目的观探析[J].教育探索,2011(1).该文被人大报刊复印资料《中学历史、地理教与学》(2011年第6期)全文转载。
8 何继润.浅论何炳松历史教学的学科渗透思想[J].新疆石油教育学院学报,2005,(5):49—51.
9 范红军.新史观、新通史方法、新世界史——何炳松《复兴高级中学教科书外国史》述评[J].历史教学问题,2013(3):130—133.
10 秦润琼.何炳松《外国史》教科书对当代历史教科书编撰的启示——以"初中版"为例[J].文史博览(理论),2013(7):84—86.

美国约翰生·亨利〈历史教学法〉札记》[1]对何炳松1926年翻译由美国历史教育家约翰生编写的《历史教学法》进行了介绍和评析。

20世纪80年代末以来,一些论著,如房鑫亮撰写的《忠信笃敬——何炳松传》[2]、刘馨的专著《何炳松史学研究》[3]、刘超的专著《历史书写与认同建构：清末民国时期中国历史教科书研究》[4]和唐景、杨永胜、吕强、王姝等有关何炳松史学思想研究的硕士论文[5]、岳颖的《何炳松教育思想研究》[6],以及姜爱智的《现代新史学理论建设研究》、王友军的《清末和民国时期的中学历史教科书研究》、杨红波的《清末民国时期历史课程标准的教育学审视》、何鑫《对两次中学历史教科书争论的思考》、李宗奇的《南京国民政府时期中学历史教学法研究（1929—1937）》、王晶晶的《民国时期中学生历史探究能力培养研究》[7]等,对何炳松历史教育思想也有不同程度的论及。

---

1 朱煜.历史教学的几个基本问题——读20世纪初美国约翰生·亨利《历史教学法》札记[J].课程·教材·教法2010（12）：75—79.
2 房鑫亮撰.忠信笃敬——何炳松传[M].杭州：浙江人民出版社,2006.
3 刘馨.何炳松史学研究[M].北京：知识产权出版社,2010.
4 刘超.历史书写与认同建构：清末民国时期中国历史教科书研究[M].北京：社会科学文献出版社,2016.
5 唐景.何炳松历史学说研究[D].贵阳：贵州师范大学硕士,2003；杨永胜.何炳松史学研究[D].南昌：江西师范大学硕士,2011；吕强.论何炳松的史学思想[D].武汉：华中师范大学硕士,2013；王姝.何炳松史学思想的特色[D].武汉：华中师范大学硕士,2013.
6 岳颖.何炳松教育思想研究[D].广州：暨南大学硕士,2007.
7 姜爱智.现代新史学理论建设研究[D].上海：华东师范大学硕士论文,2004；王友军.清末和民国时期的中学历史教科书研究[D].金华：浙江师范大学硕士论文,2005；杨红波.清末民国时期历史课程标准的教育学审视[D].湖南师范大学硕士论文,2007；何鑫.对两次中学历史教科书争论的思考[D].成都：四川师范大学硕士论文,2008；李宗奇.南京国民政府时期中学历史教学法研究（1929—1937）[D].武汉：华中师范大学,硕士论文2011；王晶晶.民国时期中学生历史探究能力培养研究[D].扬州：扬州大学硕士论文,2014.

另外，一些学者还发表了很多有关何炳松史学方面的论文，如朱发建、张晶萍的《论何炳松在通史理论上的创新》、高石纲的《何炳松对中国史学近代化所作的杰出贡献》、周文玖的《何炳松的史学理论及其史学史研究》、薛其林的《试论何炳松的史学阐释方法》、邱树森的《何炳松史学研究二题》、洪认清的《何炳松史学思想的特色》、杜晓艳的《何炳松中西文化观的演变》、刘家辉的《何炳松对西方新史学思想的融合与实践》[1]等。虽然这些文章几乎没有直接提到何炳松的历史教育思想，但史学是历史教育的根基，因而它们也为何炳松历史教育思想的研究提供了基础。

何炳松历史教育思想的研究取得了一定成绩，但存在着很多不足，值得我们注意，主要如下：研究所涉及的材料基本上是何炳松的历史教育论著，如：《历史教授法》《新时代外国史教科书》《历史教学法》《初级中学历史课程标准草案》等，这些论著直接体现了何炳松的历史教育思想。但到目前为止，还有一些何炳松的历史教育论著很少被研究，《中古欧洲史》（1924）、《近世欧洲史》（1925）就是其中二例。研究很少涉及何炳松历史教育论著之外的"其他材料"。"其他材料"包括：（1）何炳松非历史教育的论著，如何炳松的一些史学和教育等方面的论著。近年来有很多人

---

[1] 朱发建，张晶萍.论何炳松在通史理论上的创新[J].常德师范学院学报[社会科学版]，1997（2）；高石纲.何炳松对中国史学近代化所作的杰出贡献[J].《西北第二民族学报》[哲学社会科学版]，1998（4）；周文玖.何炳松的史学理论及其史学史研究[J].求是学刊，2000（4）；薛其林.试论何炳松的史学阐释方法[J].《长沙大学学报》2001（3）；邱树森.何炳松史学研究二题[J].《暨南学报》[哲学社会科学版]2001（5）；洪认清.何炳松史学思想的特色[J].学术月刊，2002（3）；杜晓艳.何炳松中西文化观的演变[J].兰台世界，2010（23）：26—27；刘家辉.何炳松对西方新史学思想的融合与实践[J].齐齐哈尔大学学报（哲学社会科学版），2010，（04）：74—75.

研究何炳松的史学论著，但探讨的仅是史学思想，对于其中所蕴涵的历史教育思想则很少论及。（2）何炳松论著以外的其他材料，如何炳松的年谱、书信、报告、杂文、随笔等。（3）有关研究何炳松历史教育思想的材料，就目前来说主要是论文，有些著作中也有涉及。所有的这些"其他材料"在不同程度上体现了何炳松的历史教育思想，要全面研究何炳松历史教育思想，这些材料不可或缺。研究主要是通过对某一材料（如《历史教授法》《历史教学法》《课程标准草案》《外国史》）的研究来探讨何炳松的历史教育思想，而几乎没有通过梳理大量的相关材料对历史教育思想的某一或某些方面（如何炳松历史教学观、学生观等）进行专门探讨；研究多于介绍而少于分析，很多分析也不够深入；研究基本停留在静止的"点"上，而很少将之放到"面"的层次上讨论，缺乏横向与纵向的比较。研究一个历史人物的思想，最重要的是找出其思想的特色和历史坐标，而这必须通过分析他的思想与前人、同时代的人和后人的思想间的相互关系才能得以实现；研究基本上是对何炳松的论著和言论进行分析，而很少对其实践行为展开探讨，有些实践行为也反映了何炳松的历史教育思想；研究角度较为单一，只是从历史学或教育学角度对何炳松历史教育思想进行简单分析，几乎没有从心理学、哲学等多个角度进行全面剖析。以往研究集中在何炳松教材观、教学观两大方面，对何炳松历史教育思想的形成、历史教育目的观、学科渗透、课程资源观及历史教育思想在其整体思想中的地位、何炳松历史教育思想在我国历史教育现代化进程中的地位、何炳松历史教育思想的本土化、学科性的现代启示等方面有不同程度地论述。但对何炳松历史教育思想的理论基础、师生观、衔接性等没有专门探讨。

  这本著作在本人硕士论文和已发表相关论文的基础上，吸取学界其他学者们以往的一些研究成果，尝试进一步解决目前研究存在的问题，力图对何炳松历史教育思想展开全面系统地梳理和分析。

目前，何炳松历史教育思想的研究虽然已经取得了一定成绩，但还不够全面系统，有些方面还需要展开进一步探讨。本研究在以往研究的基础上，通过对相关材料的进一步梳理和分析，无疑会丰富何炳松历史教育思想的研究，使研究朝着全面、深入的方向发展。历史教育思想是何炳松整体思想中的重要组成部分，与其教育思想、史学思想等有着密切的联系，历史教育思想的深入研究必然推动着何炳松其他思想的进一步研究。任何思想都是时代的产物，研究何炳松的历史教育思想，一方面丰富了他所处的民国时期历史教育的理论研究，另一方面也为近现代历史教育发展史的整体研究提供素材。

何炳松的历史教育思想虽然形成于特定的历史条件，但他所探讨的问题却是历史教育中一些根本性问题，所持的观点和解决问题的方式方法对现在的历史教育依然有一定的启发性。如：历史教育的目的观、历史教学方法、历史教科书的编撰和选择（尤其是外国史的编撰）、学科渗透、考试、历史教育理论的本土化和学科性，等等。本研究无疑会为我国当前历史教育提供历史的借鉴。何炳松作为一个史学家非常关心历史教育，编写初中、高中历史教科书，参与历史课程标准的研制，探讨历史教育教学问题，为我们提供了一个历史学家积极参与历史基础教育的典范，其精神和经验可以为当前史学家提供借鉴。

作为民国时期著名的历史学家和历史教育家，何炳松对我国历史教育的发展做出了很大贡献。然而由于历史原因，何炳松被认为是资产阶级史学家而长期遭受冷落，他的历史教育思想也由此遭到忽视。1978年改革开放以来，虽然已有学者关注起何炳松的历史教育思想，但研究较少，且不够深入。本研究将以较为全面深入的研究，引起学术界对何炳松历史教育思想及何炳松其他各个方面的广泛重视。中外历史上有很多名人、专家、学者，尤其是一些历史教育家，他们对历史教育都有其独特的理解，为历史教育的发展做出了一定的贡献，也为我们留下了许多宝贵的经验和教训。研究这些人的历史教育思想，从他们身上吸取有益的东西为现在的历史教育所用，不失为促进我国历史教育发展的一条捷径，但这恰恰是我国当前历史教育研究的不足之处。因而，本研究的意义还在于引起人们对古今中外历史教育家的重视，从而对历史教育名家的思想展开积极探讨。

本书试图对何炳松历史教育思想做全面、系统的梳理和研究。本研究主要采取文献研究法：尽可能收集何炳松所有的文献资料，如《何炳松文集》《何炳松论文集》《何炳松纪念文集》；查找何炳松同时代的有关历史教育的文献资料；收集有关何炳松历史教育思想研究的资料等。在阅读和梳理这些资料的基础上，对何炳松历史教育思想进行全面、细致的描述和剖析。

本书研究思路大致如下：

首先，探讨何炳松历史教育思想的理论来源。对西方新史学思想和章学诚史学思想以及鲁宾逊和约翰生的历史教育思想进行了扼要介绍。

其次，从纵向发展的角度梳理何炳松历史教育思想的演变过程。这是正确认识何炳松教育思想不可或缺的一个方面。只有对何炳松历史教育思想整体发展有所了解，才能深入认识何炳松历史教育思想的各个具体方面。

再次，从横向的角度分析何炳松历史教育思想的主要内容。何炳松历史教育思想全面而丰富，它主要包括目的观、教材观、教学观、课程观和评价观等。对于别人已研究的较为充分的方面,笔者不再详述,但为了顾及问题间不可分割的联系和思想的整体性,也对其进行一定论述。研究尽量尊重何炳松对历史教育思想的原本表述,尽可能如实地反映何炳松先生对历史教育的理解与看法。

复次,通过对何炳松历史教育思想进行"横向"和"纵向"分析后,再将何炳松历史教育思想放入我国历史教育发展史的进程中与其他历史教育专家进行对比,并在此基础上进一步去探讨它对前人的突破。

最后,将何炳松历史教育思想与现实结合起来,从历史教育的本土化和学科性、衔接性等几个方面探讨何炳松历史教育思想对当前历史教育的启示。

整体而言,本研究致力于较全面、系统地反映何炳松历史教育思想的全貌,为人们研究和探讨何炳松历史教育思想提供基础。

第一章　何炳松历史教育思想的理论渊源

历史教育思想的理论渊源是历史教育思想发展的源头活水。从学科来看，历史教育发展最主要的来源是历史学和教育学。从时空来看，我国的历史教育发展可从中国古代和国外的历史教育中获取借鉴。何炳松历史教育思想是在吸取以往一定的理论基础上，在不断的教育实践探索过程中形成和发展。史学是历史教育的重要源头之一，何炳松历史教育思想在史学上主要来源于美国新史学派史学思想、中国古代刘知几、章学诚史学思想等；何炳松在译介美国教育思想和自身教育实践基础上形成的一般性教育思想为历史教育思想提供了参考；美国约翰生等人的历史教育思想则为何炳松历史教育思想的形成与发展提供了直接的借鉴。

第一节　史学思想渊源

何炳松出生于中国，曾留学美国，其史学思想深受中外史学思想的双重影响。这些史学思想作用于历史教育的理论与实践，是其历史教育思想形成的重要来源。

1912年何炳松前往美国留学，学习了史学等多种知识，其中包括当时美国流行的"新史学"思想。该思想流派的人物主要有鲁宾逊、比尔德、贝克、肖特韦尔、海斯、巴恩斯、桑代克等，其中鲁宾逊为最著名的代表人物。肖特威尔曾对鲁宾逊这样评价："在美国教育中，振兴历史学的领袖中间，没有谁能望其项背。"[1]鲁宾逊1887年毕业于哈佛大学，后赴德国学习。当时欧洲史学界正批判以研究政治史为主的兰克史学而盛行文化史研究之风，德国历史学家兰布雷希特提出把历史理解为"人类社会—心理发展过程"等观点，法国历史学家亨利·贝尔（Henri Berr）提出"综合历史学"的思想。鲁宾逊把这些观点带回美国，在此基础上提出了"新史学"的理论。1917年后，何炳松在北京大学和北高师即以鲁宾逊的《新史学》作为讲授西方史学原理的教本，后又将其翻译并于1924年首次在国内出版。何炳松还与郭斌佳合译了肖特韦尔的《西洋史学史》（1929年中文版），这是中国最早的西方史学史的译作，该书阐述了西方史学演变的历程，并依据"新史学"的观点对各史学流派进行了评述。此外，鲁宾逊的《心理的改造》（1930年中文版）、桑代克的《世界文化史》（1930年中文版）、巴恩斯的《新史学与社会科学》（1934年中文版）等一些"新史学"派的著作也陆续被国人翻译，也对何炳松带来一定的影响。

通过翻译《新史学》等工作，何炳松较为系统地介绍了"新史学"的观点，主要包括历史的功用、内容、方法、性质等几个方面。

---

[1] John Braeman: James Harvey Robinson, from Clyde N. Wilson: Dictionary of Literary Biography Vol. 47, *American Historians*, 1866—1912, Gale Reasearch Company, Detroit Michigan, 1986, p. 232.

第一，史学的功用在于说明人类逐步进化的事实，帮助人们明白现在。历史学应该为现实社会服务，史家应改变那种专事猎奇搜轶的陋习，"帮助读者领会人类进化的某个时代的意义或某种制度的性质"[1]。鲁宾逊在与比尔德合写的《西欧史大纲》的序言中也指出，书写历史"不是为了历史而写历史，而是为了弄清今天的世界"[2]，让人明白现在的一切，从而达到解决各种现实问题和改良社会的目的。

第二，历史研究不能只注重政治史。反对传统史学只注重政治史研究的偏向，人类的活动除了政治之外，还包括经济、地理、文化、教育、宗教、艺术、科技等。历史研究应该扩大范围，研究政治以外的人类历史，尤其要注意那些对人类进步直接有关的日常普通生活。[3]

第三，历史研究可借鉴其他学科方法。"历史能否进步同能否有用，完全看历史能否同他种科学联合"[4]，不能把史学封闭在狭小的圈子内。历史研究应该利用社会学、心理学、生物学、地质学、人类学、经济学等多种学科知识与方法。巴恩斯主张历史学从其他社会科学中吸取方法，他的《新史学与社会研究》就是这一主张的系统阐述。该主张在实际研究中也得到了贯彻，如：鲁宾逊研究欧洲思想史，巴恩斯探讨欧洲巫术、科技史发展，比尔德关注政治军事史背后的经济因素，肖特威尔重视劳工史文献的编撰等。此外，

---

1 何炳松译.新史学[M].上海：商务印书馆，1924：14.
2 詹姆斯·哈威·鲁宾逊，查尔斯·A.比尔德（James Harvey Robinson and Charles A. Beard）：《序》（Preface），《欧洲史纲》第二编（Outlines of European History part Ⅱ），波士顿，1919年。本书最早于1907年出版，1912，1916，1918，1919年分别再版。本书的序言是第一次世界大战之后写的，具体年份不详。
3 何炳松译.新史学[M].上海：商务印书馆，1924：10.
4 同上书，1924：77—78.

新史学派还要求把对历史发展具有制约作用的地理环境、种族、经济、科技、精神心理等各种因素"综合"起来加以考察。

第四，历史学科不是科学。现代科学形成的两个特征是学科研究越来越分类精细，并且存在一个普遍的价值定律对其进行界定。[1] 对于历史是不是科学这一问题，鲁宾逊持否定意见。他指出，"历史所研究的是人，人的纡曲方向，同人的无定欲望，所以现在要想将历史归纳到一定的定律里面去，好像是没有希望的"[2]，"我们所有关于人类过去的材料，虽然可以产出真理来，断不能将它们组织成一种纯粹的科学。"[3] 也由此，他认为历史无因果。

何炳松编写的《中古欧洲史》（1924年）和《近世欧洲史》（1925年）是作者于1920至1922年在北京大学史学系分别讲授《中古欧洲史》和《近世欧洲史》课程时所用之讲义的基础上编写而成的大学教材。《中古欧洲史》依据鲁宾逊《西欧简史》前29章编译而成。《近世欧洲史》大体以美国史学名家鲁宾逊与比尔德二人所著之《欧洲史大纲》第二卷为蓝本，并取材于二人所著的《现代欧洲史》。这两本大学教材都是以新史学为指导思想，展示欧洲社会、经济、文化等各方面的发展面貌，以达到明白现状之目的。两本教材更多地强调对一般历史文化现象的描述，如《中古欧洲史》用一卷（共六卷）的篇幅来叙述"中古时代的一般状况"，包括宗教、城乡状况、居民生活、语言文字、文学艺术、科技、哲学等；重视社科经济和科技在人类文明历史中的作用，如《近世欧洲史》对天文、生物、化学、物理等科技成就与一些重要科学家的事迹做

---

1 李政.鲁宾逊《新史学》的史学思想杂谈［J］.牡丹江师范学院学报（哲社版），2014（3）：104—106.
2 鲁宾逊.新史学［M］.北京：中国人民大学出版社，2011：31.
3 同上.

了相应介绍，还断言以后的历史书中伊尔、达尔文等科学家与俾斯麦等政治家并传。[1]

何炳松不仅借鉴吸收了美国新史学思想，而且对欧洲的史学思想也进行了学习。当然，欧洲的史学思想对美国新史学思想也产生了一定影响。何炳松十分注重对西方史学原理的介绍，他撰写的《历史研究法》（商务印书馆，1927年）一书，主要参考了德国史学家伯因汉（Ernst Bernheim，又译朋汉姆）的《史学方法论》（又译《史学方法课本》）和法国史学家朗格诺瓦（Langlois）、瑟诺博斯（Seignobos，又译塞诺波）合著的《史学原理》的观点。而《史学原理》受到朋汉姆《史学方法课本》的影响。何炳松著作《通史新义》（商务印书馆，1930年）中的观点，多采自法国著名史家瑟诺博斯所著的《应用于社会科学上之历史研究法》一书。[2] 又如："社会中绝无独立之事实，一个人或一个人群之行为与习惯，均互相关联、互相影响、而互为因果。"[3] "我们研究社会史，必要注意这个共通性；因为人类的各种行为和思想，无论是个人的，或者是团体的，其间总有一种连带的关系。"[4] 这里，他注意到各种历史因素的关联性，实际是吸收了朋汉姆的思想。

同时，何炳松先生深受中国传统文化的影响，对中国古代史学思想也多有汲取和研究，先后发表了《程朱辩异》、《浙东派溯源》等著作及《〈史通〉评论》（《民铎杂志》第六卷第一号，1925年1月1号）、《章学诚史学管窥》（《民铎杂志》第六卷第二

---

[1] 蔡家勇.论何炳松的史学研究及其史学思想特色［J］.首都师范大学学报（社会科学版），2011（s1）：189—192.
[2] 洪认清.何炳松史学思想的特色［J］.学术月刊，2002（3）：75—82.
[3] 何炳松.通史新义［M］.上海：上海书店，1992：121.
[4] 何炳松.历史上之演化问题及其研究法［A］.刘寅生，谢巍，房鑫亮编校.何炳松论文集［C］.北京：商务印书馆，1990：197.

号，1925年2月1号）、《增补章实斋年谱序》（《民铎杂志》第九卷第五号，1928年10月1号）等相关论文。在著作《通史新义》《历史研究法》和论文《中国史学之发展》等其他论著中也含有很多有关古代史学家思想的论述。

《史通》为唐代刘知几所撰，共20卷，49篇，是中国古代重要的史学著作。在《〈史通〉评论》中，何炳松将《史通》主要思想概括为十二点：史书可以无表；天文、艺文可以不志；篇幅不必命题；文人不宜作史；史评之无谓；叙事尚简；史书烦省，不必拘泥；立志录言；另立都邑、氏族、方物三志；史体有二，编年、纪传是也，不可偏废；史贵直书；作史学应用当代方言等。[1]在《〈史通〉评论》"末学一得"中，何炳松指出，"吾国史病，病在不通。不同只根，树在人物。后世本末、通史诸体之可贵，在于轻人重事耳。"[2]

章学诚为清代史学家，其著作《文史通义》为有清一代关于史学方法的唯一著作，与刘知几的《史通》一直被视作古代中国史学理论的双璧。章氏另有《校雠通义》4卷，《方志略例》2卷，《文集》8卷，《外集》2卷，《湖北通志检存稿》4卷及《未成稿》1卷，《外编》18卷等，去世120年后由刘承干搜集整理出版了《章氏遗书》。面对章学诚如此厚实的学术研究成果和丰富的史学思想，何炳松在阅读后写成了《章学诚史学管窥》一文，"管窥"二字足见其用意。在该长文中，何炳松列举并评析了章学诚的诸多史学思想。如：章氏就史文之性质分为论事之文、传赞之文、辞命之文、叙例之文、考订之文、叙事之文、说理之文；根据史之范围可

---

[1] 何炳松.《史通》评论［A］.刘寅生，谢巍，房鑫亮编校.何炳松论文集［C］.北京：商务印书馆，1990：80—84.
[2] 同上书，1990：88.

分为天下之史、一国之史、一家之史、一人之史；根据史文之性质，可分为著作之史、编辑之史。章氏解剖史之要质为三：义、事、文，是也。史义既以事实为依据，力排空谈；史之效用为经世致用，而经世当切人事。所谓切于人事者，切合当时人事耳。故研究史学，必求当代典章以切于人伦日用。若昧今而博古，不知礼"时为大"之义，即非真知古制之人；章氏力主古今进化之说，一位一切制度，无非为应付需要起见，其见尤卓；章氏主张史当详尽略远。盖得于耳闻目见者，虚实可以互参也；章氏力主史学应该远离文学而独立，廓清数千年来文史合一之弊端。文章所贵，贵乎如其事也，也就是实事求是不能太文学化，如溺于文辞，妄加雕饰，是舍本而逐末；章氏以为史体莫善于纪事本末及通史。通史之修，其便有六：一曰免重复，二曰均类例，便铨配，平是非，去抵牾，详邻事。其长有二：具剪裁，立家法。其弊有三：无长短，仍原题，忘标目。（《内篇》四，《释通》）关于史料，章氏以为盈天地间，凡涉著作之林皆是史学；史重成文，既如上述，然必标所自，以明来历。史重正确，故人名、地名宜求其实；章氏自认为别录为治史最良之法，以为一部《二十四史》浩如烟海应作别录二十四篇以提其纲，这正是我们期盼的中国通史，等等。[1]

当然，何炳松并不是简单地直接引入中国古代史学思想或西方史学思想。对于中外史学思想，他通过借鉴、对比、"补漏"、"互释"、互参等方式使两者取长补短、相互融合构建和形成自己新的史学思想。第一，借鉴性运用。阮毅成先生曾说，何先生的史学是与梁任公先生并称的，任公先生以西洋史学方法治中国史，而

---

[1] 何炳松.章学诚史学管窥［A］.刘寅生，谢巍，房鑫亮编校.何炳松论文集［C］.北京：商务印书馆，1990：89—119.

何先生则以中国史学方法治西洋史。[1]而陆荣则认为，何炳松介绍和阐述其史学理论与方法的两部代表作《历史研究法》和《通史新义》，大体上都是根据西方现代实证史学方法论的代表作所写。[2]笔者也发现，《历史上之演化问题及其研究法》（《史学与地学》第四期，1929年1月）、《怎样研究史地》（《文化建设》月刊第一卷第八期，1935年5月10日）等论文也大都根据西方史学进化论综合化观点等撰写而成。第二，补漏与阐发。何炳松采取西方史家的通史义例和方法来补章氏（学诚）这一方面的不足，进一步阐发章氏的史料和著作分家、通史不宜独尊的理论。[3]第三，对比与互融。洪认清指出，在《通史新义》中，何炳松把西方史学原理和《史通》《文史通义》所阐发的史学原理对比、贯通，试图构建自己的通史理论体系。[4]何炳松把中西两种关于"通"的观念结合起来，阐发了自己关于"通"的见解，他的《通史新义》一书就是撮合中西史家相关观点的著作。[5]

何炳松通过运用西方史学方法（或中国史学方法）来解释对方，从而达到双方互融。站在任何一个立场或运用任何一个史学观点去审视和解释对方，体现了作者已经基本默认了所基于史学立场的正确性，反映了作者对一定的史学思想已经进行了阅读、理解和初步选择，而在互相对比过程中能够进一步发现两者或其中之一者有待提高之处，为两者互融打下基础性认识和寻找到合适的路径与

---

1 周文玖.两种新史学：何炳松与梁启超［J］.学术研究，2002（12）：27—29.
2 陆荣.何炳松的相对主义史学思想辨证［J］.史学史研究，2007（4）：37—41.
3 张书学.何炳松对西方史学理论的传播与贡献［J］.浙江学刊，1994（2）：114—118.
4 洪认清.评何炳松对西方史学理论和方法论的译介［J］.史学史研究，2002（2）：38—44.
5 洪认清.何炳松史学思想的特色［J］.学术月刊，2002（3）：75—82.

方法。

正是通过这样的方式，何炳松在长期的理论研究与实践探索中，吸取、借鉴了诸多中国古代与西方史学思想，如司马迁、刘知几、章学诚等人"通"的理论、鲁宾逊的"多元史观"、法国史家郎格瓦诺和瑟诺波"综合研究"的历史观，以及德国史家朋汉姆的历史具有关联性的主张等。他对这些古今中外历史学家思想予以整合，加上自身的理解，逐渐形成了"一种力图融汇中西、纵贯古今的进化总体史观"[1]。此外，何炳松在古今中外历史思想的借鉴中形成了独特的人种史观、历史无因果论、历史有培养智慧之功的目的论等。所有这些思想和观点集中体现在何炳松的《通史新义》《历史研究法》及《西洋史与他种科目的关系》（《教育丛刊》第3卷第1集，1923年3月）《〈新史学〉导言》（《史地丛刊》第二卷第一期，1922年6月）《怎样研究史地》（《文化建设》月刊第一卷第八期，1935年5月10日）等史学论著中。何炳松编写的中学历史教科书《新时代外国史教科书》（1929）、《复兴高中外国史》（1934）、《复兴初中外国史》（1937），以及编制的历史课程标准中，不同程度地贯彻了上述史学观点。

长期以来，我国历史教育较为重视教育理论的指导。开始于世纪之交的新课程改革提出学科教育要避免专业化、成人化倾向，但在具体实施过程中却走向了对学科教育专业逻辑的忽视。在历史教育研究领域和实践领域表现为忽视历史学科逻辑和缺乏史学理论指导。赵亚夫先生就曾不无担忧地指出，"历史教育已游离于史学太久。"[2] 反观何炳松重视从历史和史学中汲取营养来发展历史教育，我们可以在何炳松先生和赵亚夫先生之间找到一种跨越时空的默契和共识。这

---

[1] 刘馨.何炳松史学思想析论［J］.南开学报，2001（2）：54.
[2] 赵亚夫.公共史学与学校历史教育学的创建［N］.文汇报，2014-2-24.

种共识正是两位平凡而伟大的历史教育工作者基于广博学识和丰富经验的基础上对历史教育必须是"历史"的教育的一种理性表达。时间虽然已经过去近百年,但历史教育的一些规律是不变的。站在历史教育的新起点上,我们应带上何炳松先生给我们留下的宝贵锦囊,沿着"以史救国,推进民族复兴"的道路,奋勇前进。

第二节 教育思想渊源

何炳松不仅是一位史学家,也是一位大教育家。谭其骧就曾指出,"他在教育方面写过很多文章,提出过一些很好的见解,并在教育实践上有所成就……在近代有成就的进步教育家中,还应加上前暨南大学校长何炳松先生。"[1] 教育学是历史教育思想的两大理论基础之一。从广义来说,何炳松教育思想包括历史教育思想,而从狭义来说,则专指相对于学科教育之外的一般意义上的教育思想。此处所说的教育思想是狭义上的教育思想。这些狭义教育思想对历史教育思想具有普适性的指导作用,并且有的与"历史"融合发展成历史教育思想,因此,它们是何炳松历史教育思想的重要理论来源。当然,何炳松历史教育思想有的直接来自国外的教育思想。

何炳松教育思想是在长期的理论研究和实践探索中形成,与其经历紧密关联。何炳松出生于金华书香门第,出国前深受程朱理学的熏陶,其一生的处世哲学及为人态度烙上了家学庭训的印痕,这些对其自身教育思想的形成都有深刻影响。1912年何炳松前往美国留学,学

---

[1] 谭其骧.何炳松与《新史学》[J].暨南学报,1991(2):53.

习了美国教育制度等多种知识。1916年何炳松回国后积极投身于教育实践，了解和深刻分析了浙江中小学教育的现状，并大量运用了国外先进的教育理念。在担任浙江省视学后，立即到各地视察，并深入新昌、天台等山区，实地了解落后地区的教育情况。根据对新昌县教育的考察，何炳松写了长篇呈文递交省长，就地方主管教育者的态度、能力和经验，学校数量，教职员和学生人数，学龄儿童的入学率，教职员的质量，学校的教学、管理和经费，学生课外活动，社会教育如图书馆、劝学所等情况做了全面的概述，并提出了中肯的改进意见，要求在各区、乡设立教育会，学校要教授、管理、训练三者并重，不可偏废，教案和表簿都不可缺少。[1]

在杭州服务一年后，何炳松启程北上，兼北京高等师范学校和北京大学的教职。何炳松在授课中，认真钻研教学方法，曾自编教学讲义和教材，取得了较为良好的效果。由于知识渊博，备课上课认真，方法灵活多样，教学深受学生欢迎，甚至还吸引了不少校外人士前来听课。1919年夏，何炳松著成《美国学制述略》，由商务印书馆结集出版，后改名《美国教育制度》，并增加附录——《美国学生之自治制》。该书详述了美国大中小学及幼儿园的课程设置、教科书等情况。1920年12月何炳松将美国艾略特的《美国大学教授法》翻译发表，该文介绍了美国近五十年大学教学法之变化："背诵法已少见，讲演法已减少，实验法盛极一时"，这种变化的结果为"师生交际之机会增加，教员感化学生之能力日大"。这些有关美国教育的介绍，对何炳松历史教育思想产生了潜移默化的影响，如何炳松"动"的教学法就是源于此。在此期间，何炳松还分别参与了著名教育学家杜威和孟禄的访华活动，无形中受到他们教

---

[1] 房鑫亮.忠信笃敬——何炳松传[M].杭州：浙江人民出版社，2006：18.

育思想的影响，即特别注重学生为中心的教学。另外，何炳松参加了诸如新教育共进社及其主办的刊物《新教育》月刊、实际教育调查社和中华教育改进社等。这些活动有利于何炳松教育思想的形成和发展。

　　1922年9月至1924年8月，何炳松担任浙江第一师范学校、浙江第一中学校长等职。据何炳松回忆，"第一天走进学校的头门，就看见两道长墙，一直到二门为止，很高，很长，而且很破烂。我当时就觉得太闭闷，太阴森，所以不到一星期就把它拆得个干干净净，左面露出一个大操场，右面露出一个附属小学校，一个气象深沉的学校忽然现出一种活泼美丽的形式来。"[1] 受此启发，何炳松写成《我国教育的墙和我的拆墙主义》，刊在1923年3月《教育杂志》第十五卷第三号。该文指出，我国教育无法发展的原因在于被学校、教室、讲台三道墙所包围。对教育的含义"由学校狭到教室，由教室狭到讲台"，拆墙主义就是把教育从学校推广到社会，方法是注重师范教育。此处何炳松对教学空间和教学资源的理解必然渗透到历史教育中。1924年9月，在《教育杂志》第十六卷第九号发表《浙江小学教育的现状及其罪人》，认为浙江教育腐败，县知事及县视学等人的不称职，社会教育名存实亡，学校教育不合格。造成这一状况的罪人是社会，是"学而优则仕"的观念，治标之法是人民关心教育，中学监督小学，优待小学教师等。该时期，何炳松还发表了《民国十三年来之回顾及吾人应有之觉悟》等文章，这些文章坦陈了对与教育有关的一系列问题的意见，大胆深入到问题的内部剖析症结所在，配合在浙一师和浙

---

[1] 何炳松.我国教育的墙和我的拆墙主义［A］.刘寅生，谢巍，房鑫亮编校.何炳松论文集［C］.北京：商务印书馆，1990：351.

一中采取的一系列举措，显示出其深厚的教育底蕴和独特的观察视野。[1]

1924年下半年，何炳松进入商务印书馆工作。商务当时是我国最大的出版社，同时也是一个重要的学术机构。何炳松主编了当时享有盛誉的《教育杂志》，并为杂志写了复刊词《本杂志的使命》，提出要达到四个目标：打倒文盲、建设农村、提倡生产教育、提高文化程度。[2] 在何炳松的努力下，《教育杂志》继承了长期形成的办刊特色，继续保持了我国教育界权威杂志的地位。在商务期间，何炳松在学术上硕果累累，出版过众多权威著作和论文，同时也担任编写教科书的工作，对于教育也进行了一些研究。1925年4月，《学生杂志》上刊发了《改造学风的管见》。在该文中，何炳松针对当时多数学生抱着高傲态度求学做人，指出：其原因除学生、教师、官厅之外，主要是一部分一知半解的新学者误解新名词，造成学生盲从。他认为，改造学风的方法是这些新学者提倡适合国情的新名词，纠正误用的新名词。这一本土化思想对于其历史教育思想的本土化发生了重要影响。

1931年9月，何炳松为商务印书馆创立三十年纪念刊《最近三十五年之中国教育》撰稿，题为《三十五年来中国之大学教育》，梳理了我国高等教育的发展，总结了很多经验教训，提出了一些非常有见地的观点，如：甲午战争前的新式教育虽然成绩非常有限，但较之过去只知用选举和考试甄拔人才，而不知用教育培养人才的消极教育政策而言，是一种历史的进步；自新文化运动起，学生的知识欲蓬勃兴起，研究学术的兴味颇浓，对于国事的热度增

---

[1] 岳颖.何炳松教育思想研究［D］.暨南大学，硕士论文，2008：32—33.
[2] 何炳松.《本杂志的使命——教育杂志复刊辞》［A］.刘寅生，谢巍，房鑫亮编校.何炳松论文集［C］.北京：商务印书馆，1990：446.

高，民族主义的觉悟更加深刻；等等。这些高等教育的思想无形中影响到何炳松中学历史教育评价观和历史教育目的观等。1933年4月1日在《东方杂志》第三十卷第七号上发表《国民教育与制宪》。该文指出，避免亡国的基本条件是普及国民教育。"因为国民有教育，才会有所谓民族的觉悟，有民族的觉悟，才能赏识国土和主权的可靠。国民有教育，才会有国家的概念，才能不做汉奸去卖国。国民有教育，才会发生人格自尊心，有人格自尊心，才能赏识平等自由的真谛，不卖身求荣，不屈于无理的威武。"[1]何炳松执掌暨南大学之后，强调学行并重，注重中国传统文化教育，倡导学以致用。在其看来，学以致用最大的用就是认真读书，报效祖国。他在就职暨大后的第一次全校大会上就指出，"现在国势阽危，国难严重，许多人已经无书可读，在国家尚未灭亡之时，我们应发愤图强，努力奋斗，以拯救国家，以复兴民族。我们在有书可读之时，应努力读书。"[2] 1940年，汪伪政权丑陋登场，要求学校放假一天以示"庆祝"。何炳松不予理睬，对学生说"我以'汉曹不两立，忠奸不并存'两句话表明我的立场"。由此，何炳松被称为"抗日战争时期最富民族气节的民主治校的教育家"[3]。何炳松的这些论著和言行无不蕴含着浓浓的爱国情怀。20世纪30、40年代，正处于日本侵华时期，也许正由于此，激发了何炳松的爱国情感，将爱国救国作为教育思想的主旨。这些爱国教育思想在历史教育中得以渗透和体现。何炳松历史教育目的观中的"推进民族复兴"和历

---

1 何炳松.国民教育与制宪[A].刘寅生，谢巍，房鑫亮编校.何炳松论文集[C].北京：商务印书馆，1990：444—445.
2 何炳松校长在1935年9月12日开学典礼上的讲话，《暨南校刊》，第143期。
3 林念庚.何炳松校长的教育思想及民主办学精神——访胡寄南教授[A].刘寅生，谢巍，何淑馨编.何炳松纪念文集[C].上海：华东师范大学出版社，1990：326.

史教科书中凸显中于此。

综而观之,何炳松历史教育思想的教育思想渊源主要有美国的教育理论、中国古代教育思想及其自身的教育实践。美国教育理论直接体现在《美国学制述略》《美国大学教授法》之中,杜威和孟禄等其他美国学者的教育思想也或多或少对其产生影响,诸如"动"的教学法、学生中心、活现教学后来都成为何炳松历史教育思想的重要组成部分。何炳松从幼儿时期的家学庭训到长大后身边工作生活学习,无不受到中国传统文化与教育思想的熏陶,古代爱国英雄与爱国人物的事迹深深影响着何炳松的价值观。在对《史通》《文史通义》等古代典籍阅读的基础上,何炳松写出《程朱辩异》《浙东学派溯源》《章学诚史学管窥》《所谓国学》等论著,这些论著中所包含的爱国气节、经世致用、学行结合等教育思想也是何炳松历史教育思想的重要来源。参加教学和教育管理的实践经验也是其思想的重要源头。无论在浙江担任视学、浙江一师校长,还是在北京高师、北大担任教师,还是在商务印书馆担任编译所所长,在暨南大学担任校长,何炳松总是在不断地思考,在思考中产生教育思想。当然,美国教育理论、中国古代教育思想与何炳松自己对教育实践的反思,往往是紧密相联的,如:"拆墙主义"教学资源观正是何炳松受到美国教育杜威"学校即社会"思想的启发,在走进学校时对本校的不良现状产生的联想和思考。

第三节 历史教育思想渊源

何炳松历史教育思想最为直接的理论源头是美国新史学派代表

人物约翰生·亨利的历史教育理论。1915年，约翰生·亨利所著的《小学中学中的历史教学法》出版。何炳松受王云五和朱经农的委托，在1924年到1926年期间着手翻译该书。考虑到中国读者的阅读习惯，中文版改名为《历史教学法》，1926年由上海商务印书馆出版，并被列入该出版社的"现代教育名著"丛书之中。

《历史教学法》体现了作者主张进化，反对以历史为褒贬或者作殷鉴的工具，反对专去记忆史实的历史观。该书包括译者赘言、编辑者的导言、原序、十六章、五个附录。十六章分别为：第一章——历史是什么；第二章——各年级历史分配的问题；第三章——目的同价值的问题；第四章——欧洲学校课程里面的历史；第五章——美国学校课程里面的历史；第六章——从传记的进路到历史；第七章——社群的研究；第八章——使过去成为真的；第九章——模型同图画的使用；第十章——地图的使用；第十一章——历史教科书；第十二章——教科书的使用；第十三章——参考书的选择同处置；第十四章——学校的历史同历史研究法；第十五章——历史同课程表中其他各种科目的互相关系；第十六章——历史的考试。五个附录为：附录一——历史教授法书目；附录二——历史名著的指南；附录三——图解的材料目录；附录四——参考书选要；附录五——对于本书的问题。这本书内容涉及历史教育目的观、历史课程观、历史教材观、历史教学观、历史评价观、历史与其他学科关系、历史研究方法等。苏寿桐称它"是一部百科全书型的历史教育著作"。朱煜认为，该书是20世纪初世界教育领域的经典作品，渗透了美国鲁宾逊新史学观，在历史教学目的与价值、历史教科书的定位与编纂、历史考试改革等方面的思路具有前瞻性。

这本著作为何炳松历史教育思想的发展提供了足资借鉴的对象。何炳松发表的《历史教授法》《西洋中小学中的史学研究法》

《西洋史与他种科目的关系》等论文中的很多观点都有《历史教学法》的痕迹。同时，《历史教学法》中有关历史教育目的观、历史教科书思想、历史与其他学科关系思想等在其编纂的初、高中外国史教科书都有所体现。其参与编写的历史课程标准也明显渗透了《历史教学法》中有关历史教育目的、学时分配、历史教学、历史教育评价等方面的思想。

除了约翰生·亨利的这本著作，美国新史学派最著名的代表人物鲁宾逊和其他人物以及中国古代史学家章学诚等人有关历史教育的观点和见解也对何炳松产生了直接影响。如，鲁宾逊避开兰克在历史教学上客观性的追求，提倡历史实用主义。"在这种对历史知识实用倾向推动下，鲁宾逊努力改革历史研究法和改进历史教育。"[1] 他指出，"教育的真正目的是对这种随着岁月的流逝为我们自己和朋友最大的快乐源泉作保证的才能的培养。"[2] "历史是我们的过去。我们要追问历史，就像我们要回忆自己个人的行为和经验一样……我们往往调整我们的回忆来适应我们当前的需要和希望，而且还往往利用它来分析我们现在的问题。"[3] 历史教育有助于学生理解现实中的问题。鲁宾逊对当时施行的"不需要思考只需要记忆"的历史教育大纲和教科书提出了异议，主张选择一些最迫

---

[1] Jay D.Green: Robinson, James Harvey 1863—1936 US Historian of European Intellectual History, from Kelly Boyd and Fitzroy Dearborn: Encyclopedia of Historians and Historical Writing Vol. 2, Publishers London Chicago, 1999, p. 998.

[2] John Braeman: James Harvey Robinson, from Clyde N. Wilson: Dictionary of Literary Biography Vol. 47, *American Historians*. 1866—1912. Gale Research Company, Detroit Michigan, 1986, p. 228.

[3] Jay D.Green: Robinson, James Harvey 1863—1936 US Historian of European Intellectual History, from Kelly Boyd and Fitzroy Dearborn: Encyclopedia of Historians and Historical Writing Vol. 2, Publishers London Chicago, 1999, p. 999.

切需要的"过去事实",以便把他们培养成将来在生活和工作中成为一些有知识、有能力而且幸福的人。在教学过程中,他主张通过详细的、艰苦的对最原始史料的审查以重建过去,要求学生阅读、考证原始史料,以此培养历史批判精神。[1]

需要指出的是,何炳松对这些思想并非是盲目照抄,而是批判性地吸取。何炳松曾指出,"我们现在需要的是取人之长,补己之短,而不是盲从他人,毁灭自己。"[2]对于外来理论不能因其来自外国,"遂奉之为金科玉律也"[3]。对于我国学者不加别择地任意援引国外理论,何炳松认为,"则其危险将与夜半临池同,可不慎哉。"[4]基于此,他对《历史教学法》翻译的过程是对该书思想进行鉴别、消化的过程。在翻译完《历史教学法》一书时,何炳松就对书中导言部分内容提出异议,"我们假使以为新史学派的主张是对——译者个人很赞成新的——那末(么)我们对于本书前面那篇《编辑者的导言》觉得他太旧了一点,不能不说一句话。这篇导言虽然出诸鼎鼎大名的校长的手笔,译者个人却不敢附和他。"[5]这种本土化思想在何炳松历史教育思想形成过程中得到较好的落实,对当前国际化背景的历史教育改革具有很强的借鉴作用。

---

1 李勇.鲁宾逊对美国历史教育的贡献[J].史学史研究,2002(2):76—80.
2 刘寅生,谢巍,房鑫亮编校.何炳松论文集[C].北京:商务印书馆,1990:312.
3 刘寅生,谢巍,何淑馨主编.何炳松纪念文集[C].上海:华东师范大学出版社,1990:12.
4 何炳松.中华民族起源之神话[J].东方杂志.第26卷第二号:91.
5 刘寅生,房鑫亮编.何炳松文集(第三卷)[M].北京:商务印书馆,1996:505.

第二章 何炳松历史教育思想的嬗变

何炳松在长期的理论研究与实践探索中取得了丰硕成果，撰写了《历史教授法》《西洋中小学中的史学研究法》《西洋史与他种科目的关系》等历史教育论文，翻译了著作《历史教学法》，编译了大学教材《中古欧洲史》《近世欧洲史》，著成中学历史教材《新时代外国史教科书》《复兴高级中学外国史》《复兴初级中学外国史》等，并且何炳松还几次参与制定了《初级中学历史课程标准草案》。所有这些共同体现了何炳松历史教育思想的丰富和厚实。何炳松历史教育思想的内涵非常丰富，涉及历史教育目的、历史教学、历史教材、历史教学评价等诸多方面，而各个方面思想的发展并非齐头并进。因此，只能根据其发展的主要特点来描述它发展的梗概。何炳松历史教育思想发展过程可大致分为萌芽、形成、成熟三大时期。

第一节 萌芽时期

萌芽时期是指何炳松自幼到1922年执掌浙江第一师范学校之前

这段时期。

何炳松在1903年考中秀才之前，几乎全承家学庭训，学习的内容主要是《四书》《五经》，而某些经书同时具有史书的性质，它们是何炳松最早接触的历史。然而何炳松真正开始学习历史是在1903年进入金华府中学堂之后。何炳松在这些早期学习中形成了对历史教育的最初认识。1912年何炳松从浙江高等学堂毕业后即前往美国留学，先后进入加利福尼亚大学伯克利分校、威斯康星大学、普林斯顿大学等名校就读，学习了史学、经济学、政治学、哲学及美国政治制度和教育制度等多种知识，其中包括当时美国流行的"新史学"思想。何炳松所学的这些知识在不同程度上为其后来历史教育思想的形成做了准备。1916年何炳松回国后积极投身于教育实践。在浙江省视学任内，曾赴新昌、天台等地视察，对主管教育者的态度、能力、经验、学校数量、教职员和学生人数，教职员质量、学生课外活动等都有考察。1917年9月至1922年9月，何炳松在北高师、北大任教，教授过西洋史、西洋文明史、中古欧洲史、近世欧洲史、万国地理、万国史、历史研究法等多门课程。在这些实践中何炳松积累了丰富的教育教学经验。与此同时，何炳松还以自己留美的学术优势进行了大量的教育理论和史学理论的译介工作。

1919年夏，何炳松著成《美国学制述略》，该文详述了美国大中小学及幼儿园的课程设置、教科书等情况。1920年12月何炳松将美国艾略特的《美国大学教授法》翻译发表，该文介绍了美国近五十年大学教学法之变化："背诵法已少见，讲演法已减少，实验法盛极一时"，这种变化的结果为"师生交际之机会增加，教员感化学生之能力日大"。这些有关美国教育的介绍，不但对何炳松历史教育思想产生了潜移默化的影响，还为当时人们研究历史教育提供了思路。在何炳松这些译介活动中，最有影响的是翻译鲁宾逊的《新史学》。译完之后，何炳松还根据自己的理解写了一篇长长的《新史学导言》，对《新史学》的内容进行了扼要介绍。通过对《新史学》的翻译和《新史学导言》的撰写，何炳松将新史学思想进一步消化和吸收。

在理论研究和实践探索的相互推动下，何炳松历史教育思想终于露出了萌芽。该时期何炳松的历史教育思想主要有：

第一，对于历史教育的目的，初步认识到历史教育的目的为"明白现状"。1920年6月何炳松在《史地丛刊》发刊词中表明了该刊的宗旨："是故研究历史者，当应推求过去进化陈迹，以谋现在而测将来"；[1] 研究的目的在于"谋现在"和"测将来"。1922年7月中华教育改进社第一届年会在济南开幕，何炳松任历史教学组书记，何炳松在会上提出了一个议案，该议案指出"编辑或讲授历史应以说明历史社会状况之进化，使学生明白现代状况如何而来为标准"。[2] 这实际上指出了历史教育的目的在于让学生明白社会现状的由来。

第二，在历史教学方面，他集中对中小学生史学研究法进行了探讨。何炳松在《教育丛刊》上发表《西洋中小学中的史学研究法》一文。这是何炳松发表的第一篇历史教育论文。该文主要从历史自身的可疑性出发，要求历史教育应教会学生研究历史的方法，让学生具备一定的历史研究能力。他指出：历史教科书中的历史事实未必都正确可靠，而教员却不加辨析地当作真理传授给学生。"有许多教科书中的事实，往往不加深究，就当作固定可靠了"。"鉴于学校中情形是特别的，所以对于历史的武断，好像有必要的

---

1 何炳松.《史地丛刊》发刊词［J］.史地丛刊：1920（1）.
2 房鑫亮著.谢巍，刘寅生审定.何炳松年谱［A］.刘寅生，房鑫亮编.何炳松文集（第四卷）［C］.北京：商务印书馆，1997：685.

地方。""保存历史最高尚的目的,往往将有争论余地的事实淘汰使尽。"[1] 何炳松认为这样教授历史,会给学生一个"永久结果",让学生"养成了轻信的习惯,就一生没有辨别是非的能力"。因此,何炳松提出学校"应该使学生知道什么是历史,同教他们如何去研究历史"[2]。

第三,在教材方面,只是针对北大"减发讲义案"发表了一点自己的看法。他认为历史教学中可以减发讲义,但鉴于"西洋文明史"的无适当教材,仍需编印讲义,主张以类别体来编"西洋文明史"大纲,"如是,则学生于西洋文明史一端可得经纬纵横之观矣"[3]。这一观点中透露出了何炳松对历史教材如何编撰的朦胧意识。"经纬纵横"实际上就是注重人类历史的纵向演变和历史各个方面的横向联系。何炳松后来编撰历史教科书的指导思想乃脱胎于此。

第四,关于历史的课时安排。对此,何炳松还没有直接的论述。但从何炳松附议朱希祖提出的《改良中学校历史地理教法议案》中可见他的某种思想倾向,议案中提到"本国外国历史时间分配,均宜以上古、中古、近古史占二分之一,近世现代史占二分之一"[4]。该课程的时间安排明显偏重于近现代史,"偏重近现代史"这一点与何炳松后来主张历史教科书的内容选择上应"详近略远"

---

[1] 何炳松.西洋中小学中的史学研究法[A].刘寅生,谢巍,房鑫亮编校.何炳松论文集[C].北京:商务印书馆,1990:14—15.

[2] 何炳松.西洋中小学中的史学研究法[A].刘寅生,谢巍,房鑫亮编校.何炳松论文集[C].北京:商务印书馆,1990:16.

[3] 房鑫亮.谢巍,刘寅生审定.何炳松年谱[A].刘寅生,房鑫亮编.何炳松文集(第四卷)[M].北京:商务印书馆,1997:536.

[4] 朱希祖提议,何炳松附议.改良中学校历史地理教法议案[J].史地丛刊,第2卷(1):1—2.

有共通之处。

　　由此可见，这一时期何炳松在历史教育方面已经提出了一些可贵的观点，为其历史教育思想的进一步发展提供了基础。但总的来说，该时期的何炳松历史教育思想较为零散，尚未形成体系。除了对学生研究历史的方法有较为详细的论述之外，何炳松对历史教育的目的、历史教材、历史课程等都只是发表了一些经验式的看法或心得式的观点，缺乏深入探讨，在历史教育其他方面则几乎没有论及。因此，该时期的何炳松历史教育思想应该定位于为萌芽时期。

第二节　形成时期

　　何炳松历史教育思想的形成时期大致为1922年9月到1927年底。这一时期，何炳松参加了繁忙的社会工作，但他从未放弃过历史教学，如1922年9月至1924年8月期间，何炳松担任浙江第一师范学校校长，但他同时还兼授该校的西史课；1925—1927年在商务印书馆工作的同时，他还在光华大学、大夏大学、法政大学教授《史学概论》《史学通论》等历史课程。这些历史教学实践，对何炳松历史思想的形成与发展有很大的推动作用。

　　该时期，何炳松的理论成果较为丰硕，有很多论著译作问世。关于史学和教育学的论著主要有《历史研究法》《〈史通〉评论》《章学诚史学管窥》《人类史上的惨杀案》《〈元史外纪〉译者导言及原序》《中古欧洲史》（编译）《近世欧洲史》（编译）《〈史通〉评论》《我国教育的墙和我的拆墙主义》等。历史教育理论的成果主要有：《历史教学法》（译著），以及《历史教授法》《西洋史与他种科目的关系》等。

其中，《历史教学法》由美国约翰生著，原著最早于1915年出版。在1924年到1926年期间，何炳松从1924年开始翻译此书，译著于1926年出版。该书共16章，它所指的历史教学法并非单纯是历史教学方法，而更多的是历史教育学方面的见解，它主要包括历史研究的方法、历史教育的目的、课程设置和历史教科书、历史同他种学科的关系、历史学科的爱国教育、历史的考试等方面。苏寿桐称它是"一部百科全书型的历史教育著作"[1]。这本著作为何炳松历史教育思想发展提供了足资借鉴的对象。何炳松《历史教授法》等论文中的很多观点都可以在《历史教学法》中找到痕迹。但需要指出的是何炳松并非是盲目照抄，而是批判性地吸取了《历史教学法》中的有益成分。他对于《历史教学法》翻译的过程是对该书思想进行鉴别、消化的过程。

该时期何炳松对历史教育的探索主要有：

第一，历史教育的目的观有了进一步发展。一方面，何炳松对于"帮助明白现状"目的有了更明确的指向。萌芽时期，何炳松认为教授历史的目的在于"让学生明白社会现状的由来"，但并没有指明让学生明白谁的现状，该目的还只是对历史效用的简单转换。而这一时期，何炳松指出历史教授的目的在于帮助"我们明白我们自己的现状"[2]，这里的"我们自己"指的就是我们的国家和社会，从而使明白现状的目的性更为明确，使历史与现实更紧密地结合起来。另一方面，何炳松在该时期还提出"历史最大之功用，实在其

---

1 苏寿桐.何炳松先生《历史教学法》读后［A］.刘寅生，谢巍，何淑馨编.何炳松纪念文集［C］.上海：华东师范大学出版社，1990：196.
2 何炳松.历史教授法［A］.刘寅生.谢巍，房鑫亮编校.何炳松论文集［C］.北京：商务印书馆，1990：368.

有培养智慧之功"[1]。而在他看来，历史教育的目的来自于历史的功用，显然，"培养人的智慧"是何炳松主张的历史教育目的之一。因而，何炳松历史教育的目的内涵在这一时期进一步扩大。

第二，历史教学思想具有体系性。萌芽时期，何炳松对历史教学的探讨主要体现在中小学历史研究法的探讨上，而这一时期探讨的内容就远远超过了前者。该时期，何炳松对历史教学的目的、历史教学的原则、历史教学的入手途径、历史教学的资源、历史教学的方法等方面都进行了一定的探讨。就何炳松的历史教学思想自身来说，它已经较为完善，具有了一定的体系性。

第三，对历史教材进行了一些探讨。这一阶段，何炳松对历史教科书的内容选择有自己较为明确的标准，认为教科书应打破以政治史为中心，将眼光放入人类全部之历史。《中古欧洲史·弁言》中提到，"本书之范围为之加广，故不仅政治上之事业，即过去经济上、思想上及美术上之成功，亦复成本书叙事文中不可分离之一部分云"[2]。这一标准也是何炳松以后编撰历史教材的标准之一。何炳松在萌芽期中表现出重视近现代史的倾向，在《近世欧洲史》中更为清楚地呈现出来。"本书以篇幅之半专述二百五十年来之现代史"，并阐明了对此看法的原因在于"盖现代史与吾人最有直接之关系也"[3]。此外，何炳松还就历史教科书及参考书的选择和使用的问题进行了探讨，他认为历史教科书应该以"明白确切"为贵，参考书应简要易得。他提出教科书的类型影响教学方法的选择，教学的

---

1 何炳松.历史研究法［A］.刘寅生，房鑫亮编.何炳松文集（第四卷）［C］.北京：商务印书馆，1996：73.

2 何炳松.中古欧洲史·弁言［A］.刘寅生，房鑫亮编.何炳松文集（第一卷）［M］.北京：商务印书馆，1996：6.

3 何炳松.近世欧洲史·弁言［A］.刘寅生，房鑫亮编.何炳松文集（第一卷）［M］.北京：商务印书馆，1996：365.

目的决定参考书的选用等。

第四，对历史与他种科目的关系进行了专文论述。这是何炳松在这一时期对历史教育的新探讨。1923年10月何炳松在《教育丛刊》上发表《西洋史与他种科目的关系》一文，该文详述了历史与地理、文学、政治的关系，认为各种科目"各有天然接触的地方"[1]，在历史教学时，不能"牺牲某种科目去迎合他种科目"[2]。

第五，出现了历史教育评价的探讨。何炳松对历史教育评价的探讨上主要是通过对历史考试的探讨体现出来。他认为"考试显然是一种应付环境能力的训练与培养"[3]，将评价与学生的发展结合起来。

从上述内容看来，该时期何炳松的历史教育思想已经涉及历史教育目的、历史教学、历史教科书、历史与他种科目的关系、历史考试等诸多方面。何炳松此时的历史教育思想涵盖了历史教育的绝大部分内容，几乎包含了历史教育的各个环节，此时何炳松的历史教育思想已经具备了一定的系统性，其历史教育思想的基本框架已经确立。因此，该时期何炳松历史教育思想已经形成。由于这些思想在《历史教授法》一文中得到最为集中地体现，因而1925年《历史教授法》的发表，标志着何炳松历史教育思想形成。

该思想一经形成，就较为全面系统。这体现了何炳松在历史教育探索上的超人魄力和非凡见识。但正因他涉及面过广，在某些具体内容的阐发上还有待深入和完善。

---

1 房鑫亮著.谢巍.刘寅生审定.何炳松年谱[A].刘寅生，房鑫亮编.何炳松文集（第四卷）[M].北京：商务印书馆，1997：695.
2 同上.
3 何炳松.历史教授法[A].刘寅生.谢巍，房鑫亮编校.何炳松论文集[C].北京：商务印书馆，1990：378.

第三节 成熟时期

成熟期主要是指1928年到1937年这一阶段。这一时期，何炳松担任了商务印书馆编译所副所长、所长、国立暨南大学校长、《教育杂志》主编、中华学艺社理事长等职，承担了《民族复兴丛书》之一的《中华民俗之研究》编写工作，主编（参与主编）了《中国史学丛书》《西洋史学丛书》《社会科学小丛书》等书籍，并且成立了中小学教科书委员会，指导教科书的编撰。他还拟订了一个撰写中国通史的计划，请国内史学家通力合作完成，该书分二百多章，每章自成一书，至1932年已经出版了三四十本，但因"一·二八"事变而流产。郑振铎对这个计划曾给予很高评价："如果这部书能够成功，无疑将成为中国通史中最好的一部。" 1932年10月，何炳松又酝酿出版《大学丛书》，并亲自审定了梁思成翻译的《世界史纲》、魏野畴的《美国史》等著作。该时期是何炳松学术的高峰期，他发表了大量论著，主要有《增补章实斋年谱序》《所谓国学》《三十五年来中国之大学教育》《中华民族起源之新神话》《中国本位的文化建设宣言》《历史之演化问题及其研究法》《通史新义》《浙东学派溯源》《秦始皇帝》《西洋史学史》（译作）。不同的活动，不同的视角，这一系列的活动、工作扩大了何炳松看待历史教育的视野，丰富了何炳松对历史教育的理解。

何炳松的历史教育思想在实践中散发着成熟的气息，最主要体现在这一阶段他所编撰的中学历史教科书上。在编撰历史教科书的过程中，何炳松将自己的历史教育思想进一步深化和完善。从最初对教科书编撰有一点朦胧的意识，到编译外国历史教科书，再到自己着手编撰历史教科书，何炳松编撰历史教科书的思想逐步走向成熟。何炳松最初提出，以类别体来编写"西洋文明史"大纲。此后，何炳松又编译了《中古欧洲史》《近世欧洲史》这两本大学历史教材。而在这一阶段，他本人开始编撰中学历史教科书。先后有高中的《新时代外国史》（上册）、《复兴高级中学外国史》（上、下册）、《初级中学外国史》（全一册）、《复兴初级中学外国史》（上、下册）等中学历史教科书问世。

史学是历史教育的根基，史学观的成熟，自然会促使他历史教育思想的成熟与完善。《中古欧洲史》和《近世欧洲史》均以新史学思想为指导思想，而何炳松所编撰的中学历史教科书基本上都是以进化总体史观为指导思想，主张人类历史是"演进"的、"综合"的历史，应注重历史的不断变化发展过程，重视历史各组成部分之间的整体联系。在编撰教科书时何炳松强调"综合的眼光"取材，既要反对"欧洲中心论"，也要反对以中国为东洋史的中心。"旧式外国史总以欧洲一洲为中心；东洋史则以中国一国为中心。欧洲和中国固然为东西两洋文化的重心，不可忽视；但亦不宜偏重。"[1] 这里何炳松主张从整体的角度去看待历史，将各国的历史都作为世界历史的有机组成部分。进化总体史观"融汇中西、纵贯古今"[2]，它融合了诸多思想，如司马迁、刘知几、章学诚等人"通"的理论、鲁宾逊的"多元史观"、法国史家郎格瓦诺和瑟诺波"综合研究"的历史观，以及德国史家朋汉姆的历史具有关联性的主张等等，是对古今中外历史学家思想的整合，进化总体史观较之新史

---

[1] 何炳松.复兴教科书初中外国史·编辑大意［A］.刘寅生，房鑫亮编.何炳松文集（第五卷）［M］.北京：商务印书馆，1997：3.
[2] 刘馨.何炳松史学思想析论［J］.南开学报，2001（2）：54.

学的思想，有所发展和进步。在何炳松所编撰的中学历史教科书中还较明显地体现了人种史观这一独特视角。在其编撰的历史教科书中常常可以见到有关人种的叙述。如《复兴初级中学外国史》第一章第三节就是"人种的分布"。此外，何炳松提出历史教科书应该做到"生动形象"、"明白确切"。这相对于《中古欧洲史》和《近世欧洲史》来说，更多地考虑到历史教育中学生的心理接受能力，也是其历史教育思想成熟的重要表现。

除何炳松历史教科书的编撰思想已经逐步成熟之外，何炳松于1928年参与了中学历史课程标准草案的拟定工作，其历史教育思想较多地被该草案吸收，也是何炳松历史教育思想趋于成熟的重要标志之一。在形成时期，何炳松历史教育思想的内容就已较为全面，且具有一定的系统性，而在这一时期何炳松历史教育思想则进一步拓展、深化和完善。

需要指出的是，何炳松历史教育思想在经历了萌芽、形成、成熟的演变之后，并没有得到多大的发展。其原因在于，混乱的年代无法提供一个最基本的学术研究环境，让何炳松能够继续历史教育的理论和实践探索。1937年"八·一三"事变爆发后，日本侵略者占领上海，暨南大学三度搬迁，由真如至"孤岛"，而后又迁入闽北建阳。在血雨腥风和颠沛流离中，暨南大学依然能够弦歌不辍，这显然与校长何炳松的苦心筹划紧密相联。同时何炳松还忙于东南联合大学的筹建。整个抗战时期何炳松可谓是呕心沥血，鞠躬尽瘁，他的精力全部投入到爱国救校之中。而抗战胜利后他又忙于复校，不久因病逝世。因此，自1937年后，何炳松无暇顾及历史教育，也就没有关于历史教育方面的论著，有的也只是关于历史教育方面的只言片语，如：1939年12月为史学系教授陈高佣等编著的《中国历代天灾人祸表》作序，"新史学的目的在于产生一部'尽善尽美',全国国民都应该也能够阅读的通史。"[1] 1940年秋,何炳松应暨南大学历史学会的请求,做有关史学的学术报告,说:"历史就是说明历史现状来源的学问。从事历史研究,务须对以往的历史陈迹得到多方面的领悟……做学问不勤学苦学、博览群书不为功。"[2] 他还勉励同学们要"学以致用"等等。这些言论不同程度上体现了何炳松的历史教育思想,但综而观之,这些言论只是对以前思想的阐释和运用,而没有进展和突破。因而,在1937年抗战爆发后何炳松的历史教育思想已基本上停滞不前了。这是何炳松的遗憾,也是时代的遗憾。

---

1 何炳松.中国历代天灾人祸表[A].刘寅生,谢巍.何淑馨编.何炳松纪念文集[C].上海:华东师范大学出版社,1990:46.
2 房鑫亮著.谢巍,刘寅生审定.何炳松年谱[A].刘寅生,谢巍,房鑫亮编校.何炳松论文集[C].北京:商务印书馆,1990:565.

第三章 何炳松历史教育目的观

历史教育的目的是历史教育教学活动的出发点和归宿，对于历史教科书的编撰及历史教学活动的开展起着重要的指导作用。历史教育的目的究竟是什么？这一直为学术界所不懈追问。何炳松先生对于历史教育的目的有着自己的独特见解。其历史教育的目的观在当时具有一定的进步意义，对我们当前的历史新课程改革来说，也具有较强的借鉴价值。

第一节　帮助学生明白现状

何炳松多次强调历史的功用在于"帮助学生明白现状"。如，在《历史教授法》中，何炳松指出："历史是我们对于人类过去的知识，他（原文如此）的功用在于帮助我们明白我们自己的现状。"[1] 在何炳松看来，历史教育的目的与历史的功用是相通的，历

1　何炳松.历史教授法［A］.刘寅生.谢巍，房鑫亮编校.何炳松论文集［C］.北京：商务印书馆，1990：368.

史自身的功用决定了历史教育的目的。"我们明白了历史的功用，就可以明白历史的目的。"[1]因此，他认为，"编辑或讲授历史应以说明历史社会状况之进化，使学生明白现代状况如何而来为标准。"[2]这就明确指出了历史教育的目的是帮助学生明白现状，即：使学生通过对历史的学习，来了解和理解现实情况。1928年秋，何炳松参与制定了《初中历史课程标准草案》，该《草案》目标有"研求世界重要各国政治经济之变迁的概况，推明今日国际形势之由来"；"研求中国政治经济变迁之概况，说明近世中国民族受到列强侵略之经过"；"研求世界主要民族学术文化演进之概况与中国学术文化演进之经过，使学生略知现代人类生活与现代文化之由来"[3]，等等。这些目标显然是对何炳松"帮助学生明白现状"这一历史教育目的观的阐发和具体化。

何炳松提出这一观点主要是由于受到了美国"新史学派"鲁宾逊等人的影响。鲁宾逊的《新史学》指出，史学的功用在于说明人类逐步进化的事实，让人们明白现存各种制度的历史渊源。为此，史家应该改变专事猎奇搜轶的陋习，帮助读者领会人类进化的某个时代的意义或某种制度的性质，从而有利于解决社会现实问题。对于历史教育中如何帮助学生明白现状，何炳松有着详细的构思和具体的建议：第一，从现实需要出发去研究历史和教授历史。如在学习中国帝国时代（原文如此）历史时，应该多知道一点帝国（原文如此）兴亡同君主好恶；作为民主的国民，那就不能不对于

---

1 何炳松.历史教授法[A].刘寅生.谢巍，房鑫亮编校.何炳松论文集[C].北京：商务印书馆，1990：368.
2 房鑫亮.谢巍，刘寅生审定.何炳松年谱[A].刘寅生，房鑫亮编.何炳松文集（第四卷）[M].北京：商务印书馆，1997：685.
3 金相成.何炳松对历史教育的贡献——兼论《初级中学课程标准草案》[J].课程·教材·教法，1994（4）：29.

立宪精神的发展同民主思想的萌芽加以精深的研究,这样才可以使大家明白民国的由来和发展的方向。第二,从社会生活的各个方面去分析历史。历史教学的内容不仅包括政治、战争,还包括美术、文学、科学、宗教、哲学等方面,对这些方面进行全面学习更容易理解现在的由来。[1] 人类的活动丰富多彩,政治史和军事史只是社会生活的一部分,且往往与普通人的生活相脱节,因此,只有让学生从社会生活的各个方面去分析历史,才能够真正理解历史,理解现在。

何炳松提出历史教育在于"帮助学生明白现状"的观点,有力地批驳了当时我国历史教育中存在的错误思想和不良倾向。

第一,当时有人认为学习和研究历史只是为了了解历史,掌握历史知识,即"为历史而历史"。何炳松指出,"历史为研究人类事实之学,故研究历史者往往为历史而研究历史,殊不知博古所以通今,现代之种种习俗和制度无一不可以历史解释之。"[2] "此非为历史而研究历史,实因研究过去方可以了然于现在耳。"[3] 这就强调了历史研究和历史教育视阈不应该拘囿于历史学术的探讨和历史知识的吸收,而应该面向社会,将历史与现实紧密结合起来。

第二,当时史学界、政治界有人打着"殷鉴"的旗号行复古倒退的主张,以致"一班青年读了中国史以后,反而增加他们崇古的习惯"[4]。对此,何炳松强烈反对,他认为,我们要研究历史,并

---

[1] 邱永明.何炳松《历史教授法》述论[A].刘寅生,谢巍,何淑馨.何炳松纪念文集[C].上海:华东师范大学出版社,1990:202—203.
[2] 何炳松.近世欧洲史[A].刘寅生,房鑫亮编.何炳松文集(第一卷)[M].北京:商务印书馆,1996:381.
[3] 同上.
[4] 何炳松.历史教授法[A].刘寅生,谢巍,房鑫亮编校.何炳松论文集[C].北京:商务印书馆,1990:369.

不是因为过去可以给我们种种教训，实在因为"我们可以根据历史的知识，来明白现在的问题"[1]。他继而呼吁，"'古今一辙'的观念同'盲从古人'的习惯统应该打破的，因为古今的状况，断不是相同的。"[2] 这对于人们的盲目崇古是一个极好的说服和劝告。但何炳松以历史的不断变化推断出"历史无因果"，由此完全否定历史的借鉴作用，违背了历史唯物主义的基本原则，这也是不科学的。

总的来说，何炳松强调历史教育的目的在于"帮助学生明白现状"，这纠正了以往人们只将历史学习等同于历史知识掌握的错误看法，使人们的历史学习走出了"为历史而历史"和"崇古"的误区，进入了紧密联系社会现实的天地，也让人们重视起从历史的角度去思考当前的社会问题，从而更好地理解现在，服务现实，达到解决现实问题和改造社会的目的。

第二节　培养人的"智慧"

在《历史研究法》一书中，何炳松指出历史最大效用是"有培养智慧之功"。"智慧"主要包括三个方面：第一，历史有利于培养人的质疑意识和批判性思维能力。历史本身就充满着可疑性和不确定性，研究历史也就意味着人必须具有批判意识，对于历史不能盲目地相信，而应认真地考证。"盖受史法之训练者，辄能遇事怀

1　何炳松.《新史学》导言[A].刘寅生，谢巍，房鑫亮编校.何炳松论文集[C].北京：商务印书馆，1990：52.
2　同上书，1990：62—63.

疑，悉心考证。轻信陋习，借以革除。此研究态度之有益于智慧者一也。"[1] 第二，历史可以使人驱除陈见，培养人的国际同情心。各国的历史本身就是千差万别，不同的民族各有不同的历史，研究历史的人只要明白这一点，就容易以更平和的眼光去理解世界上各种的民族和国家。"史上所有之社会，文明高下，至为不齐。学者研究之余，深知人类习俗不同，其来有自。对于现代人类殊异之风尚，每能深表同情。此驱除陈见之有益智慧二也。"[2] 第三，历史有助于培养人正确认识人类社会的进化，明白历史进步的必然性，从而培养起人们除旧布新、锐意改革的意识。"历史所述，为古今社会之变迁，及人事之演化。吾人藉此得以恍然于人类社会之消长盈虚，势所必至。革新改善，理有固然。此努力进步之有益于智慧三也。"[3]

根据何炳松历史功用决定历史教育目的这一思路，培养人的智慧也自然是历史教育的目的。这一目的在何炳松参与制定的《初中历史课程标准草案》中明显地体现出来。该《草案》的"目标"一栏中就有这样的规定："以灌输学生国际的常识，并养成其适当的国际同情心"，"激起继承先业与世界人类共谋进步之精神"，"由历史实例的启示，培养高尚的情操，服务人群与精进不息的精神，并助成其观察事实，判断事实，与解决问题的能力。"[4] 此处的"国际同情心"、"共谋进步之精神"和"判断事实"、"解决问题"的能力，显然都属于何炳松所说的"智慧"。该历史教育目

---

1 何炳松.历史研究法[A].刘寅生，房鑫亮编.何炳松文集(第四卷)[M]. 北京：商务印书馆，1997：73.
2 同上.
3 同上书，1997：74.
4 转引自金相成.何炳松对历史教育的贡献——兼论《初级中学课程标准草案》[J].课程·教材·教法，1994(4).

的提到的"国际同情心"、"与世界人类共谋进步之精神",相当于现在所说的"国际理解和合作意识"。这在我国近些年来才受到重视,由此可见何炳松的远见卓识。而在那样一个列强四起,民族危亡的时期,何炳松能够倡导国际理解教育,也足见其胸怀宽广。

"培养学生'智慧'"这一目的的确定,直接影响了何炳松对历史教育问题的主张。譬如,他强调在历史教学中应该教授学生史学研究方法,这样可以"建设一个赏识历史的根基",至少"可以保护学生,不致受人之愚"。[1] 重视学生质疑意识的培养可见一斑。又如他指出,"仅就历史一科而言,考试的方面有两个:一是测验记忆力,一是应用知识的能力";[2] 而所谓测验应用历史知识的能力,"就是解释地图同图画,解剖文字,搜集材料,解决问题,认明真确的程度,断定史事的性质,发见(现)古今各种状况的异同关系……"[3] 这里的"应用历史知识的能力",显然包含着批判性思维能力。

传统历史教育的目的主要是"垂训"、"资鉴",只重视为国家和社会服务,而何炳松提出历史教育的目的是为了"培养人的智慧",从而使历史教育开始关注起人自身。它是对新文化运动中胡适等人提倡的"立人"思想的运用。"培养人的智慧"这一历史教育目的涉及培养学生的质疑意识、批判性思维能力、解决问题的能力、国际同情心、高尚的情操、精进不息的精神等多个方面,体现

---

[1] 何炳松.西洋中小学中的史学研究法[A].刘寅生,谢巍,房鑫亮编校.何炳松论文集[C].北京:商务印书馆,1990:26.

[2] 何炳松.历史教授法[A].刘寅生,谢巍,房鑫亮编校.何炳松论文集[C].北京:商务印书馆,1990:378.

[3] 同上.

出何炳松对人的"智慧（素养）"内涵的丰富理解，这对我国当前受到"应试教育"思想巨大影响的历史教育来说具有较大的启发意义，有助于我们进一步探讨一个永恒的话题——历史教育应培养一个什么样的人。

第三节　推进民族复兴

历史可以用来救国，是何炳松对历史的又一功能定位。在《现代西洋国家主义运动史略》一文中，何炳松指出："吾人又鉴于欧洲国家主义之兴起，以本国学者提倡之功居多，而民族史之研究尤为重要。吾国时至今日，史学运动宜乘机而起以从事于救亡之举矣。"[1] 从而提出了以史救国的主张。

以史救国是何炳松一贯坚持的主张，这一主张体现在他的各种言行中。早在美国留学期间何炳松就发表了《课余杂录（甲寅）》一文，略曰：租借地一日不归还，国耻一日不能洗尽。近日日本屡侵我国中立，则见"弱国无公理"。日本战胜俄国后，时时企图瓜分中国，要人们警惕日本觊觎之心。[2] 1929年1月何炳松发表的《中华民族起源之神话》指出，那种中国文化渊源于西方而形成的种种新神话，完全是西方学者的自大使然，要解决中华民族起源问题依

---

[1] 何炳松.现代西洋国家主义运动史略［A］.刘寅生，房鑫亮编.何炳松文集（第二卷）［M］.北京：商务印书馆，1997：219—220.

[2] 房鑫亮，谢巍，刘寅生审定.何炳松年谱［A］.刘寅生，房鑫亮编.何炳松文集（第四卷）［C］.北京：商务印书馆，1997：452.

赖于考古发掘等等。[1]从而捍卫了中华民族的尊严。在《通史新义》自序中，何炳松指出"至于章学诚通史观念之明确，固远驾西洋史之上"[2]，爱国之情，溢于言表。由上观之，何炳松将爱国与历史紧密相联，从历史中寻求民族自豪感，以历史来警醒国人，以历史来捍卫民族尊严，以历史来救国，何炳松的爱国救国与历史结下不解之缘。

同时，何炳松也将爱国救国与教育联系起来。在1933年4月《国民教育与制宪》一文中，何炳松指出，制宪是重要工作，但是，避免亡国的基本条件是普及国民教育，"所以愚见始终以为要救中国，岂但制宪，必从急起直追，普及国民教育入手，才是办法。"[3]救国要重视教育，教育要为救国服务。1934年9月《教育杂志》复刊，何炳松打算将刊物办成教育方面的一流杂志，"以为推进民族复兴之一助。"[4]1936年7月何炳松为中国中学题词，"读书是救国的手段，救国是读书的目标，我们要为救国而读书，以读书去救国，故曰读书不忘救国，救国不忘读书。"[5]可以看出，何炳松所主张的教育目的就是为了救国，为了推进中华民族复兴。

何炳松主张以史救国，以教育救国，这种思想自然会渗透到历史教育中。《初级中学历史课程标准草案》（1928年制定）的目标

---

1 房鑫亮，谢巍，刘寅生审定.何炳松年谱[A].刘寅生，房鑫亮编.何炳松文集（第四卷）[M].北京：商务印书馆，1997：549.

2 何炳松.《通史新义》自序[A].刘寅生，谢巍，何淑馨.何炳松纪念文集[C].上海：华东师范大学出版社，1990：9.

3 何炳松.国民教育与制宪[A].刘寅生.谢巍，房鑫亮编校.何炳松论文集[C].北京：商务印书馆，1990：445

4 何炳松.何炳松致刘英士函[J].图书评论.第2卷第11期.

5 何炳松.为中国中学题词[A].刘寅生，房鑫亮编.何炳松文集（第二卷）[M].北京：商务印书馆，1997.封页.

第一条就是，"研究中国政治经济变迁之概况，说明近世中国民族受到列强侵略之经过，以激发学生之民族精神，并唤醒其在中国民族运动上责任之自觉。"[1] 这就是说历史教育目的在于激发学生民族精神（近代爱国主义精神），培养复兴民族的责任感。30年代他所编撰的中学历史教科书称之为《复兴高级中学外国史》、《复兴初级中学外国史》。"复兴"二字表明了编写该书的目的就是为了救国，为了推进中华民族的复兴。《复兴初级中学外国史》的最后一章是"总论"，虽然该书为外国史，但"总论"所含的三节中有两节分别是"中外文化的比较"、"中国民族的责任"，主要讲述中国对于世界文化的巨大贡献，以及中国民族当时的危险，并指出中国只有自强才能生存。由此可见，即使是外国史的学习，其最终还是为了服务于救国和推进中华民族复兴这一目的。历史教育的目的在于推进中华民族复兴，它由一定的时代背景决定，也是时代发展的必然要求。鸦片战争后，中国一步步地走向半殖民地半封建社会的深渊，中华民族处于生死存亡之际，中国人民处于水深火热之中。谋求国家富强和民族解放成为近代中国人民为之不懈奋斗的目标，爱国救亡成为时代的最强音。何炳松所生活的年代是中国最黑暗的年代，甲午中日战争、八国联军侵华战争、日本迫使袁世凯签订"二十一条"、抗日战争等，让人目不忍睹的历史事件一件又一件地接踵而至，深深烙在何炳松的心头，强烈地激发了何炳松的爱国情感。爱国是何炳松奋斗的动力，救国是何炳松努力的方向。由此，在对历史教育的探索中，何炳松一直将推进中华民族复兴作为历史教育的出发点和最终归宿。

---

[1] 转引自金相成.何炳松对历史教育的贡献——兼论《初级中学课程标准草案》[J].课程·教材·教法，1994（4）.

何炳松的历史教育目的观是三个互相联系的整体,"帮助明白现状"和"培养学生智慧"都是为了推进民族复兴。"帮助明白现状"是历史教育的直接目的,它是让学生通过学习历史来了解现在社会的由来。当时国势日衰,民族危亡就是最大的社会现状。学生通过历史学习来了解中国和世界现状的由来,可以让人们从历史中找回失落的民族自信,发现民族落后挨打的真正原因,为中华民族复兴寻求心理动力和解决方案,"明白现状"最终落在了"推进民族复兴"之上。在"立人以救国"的时代背景下,"培养学生智慧"也是为了"推进中华民族复兴",因为民族的兴旺依赖个人的发展。何炳松所提出的"培养学生智慧"中的"智慧"主要是指怀疑的态度、国际同情心和社会进步的信念。智慧的提高有助于更好地明白现状,而在帮助学生明白现状的过程中,学生的智慧也能得到了培养和锻炼。因而,"帮助明白现状"和"培养学生智慧"之间是相互促进的,两者都统一于"推进中华民族复兴"这一根本目的。当然,中华民族的复兴也要求我们必须重视起学生智慧的培养和帮助学生明白现状。由此可见,这三者是紧密相联的,它们融合一体构成了何炳松的历史教育目的观。

第四章　何炳松历史教科书思想

何炳松对于历史教育的重要贡献之一在于他编译和编撰了一些很有价值的世界史教材。胡裕树教授曾说"我们可以毫不夸张地说，何炳松先生是我国当代世界史教学和研究的先驱者。他在中国学者中翻译、编撰世界史的专著、教科书中，数量之多，质量之高，成书之速，是无人可与比拟的。"[1]何炳松编译、编撰的多部教材分别适用于大学、高中、初中等不同层次。所编译的大学教材有《中古欧洲史》（1924版）和《近世欧洲史》（1925版）等，编著的中学教材有《新时代外国史》（1929版）、《复兴高级中学外国史》（1934版）、《复兴初级中学外国史》（1937版）等。所有这些历史教材对我国的历史教材和历史教育产生了重大而深远的影响。《中古欧洲史》、《近世欧洲史》为1920年至1922年何炳松在北大和北高师史学系执教时所用的讲义，经过整理而成，于1924年10月和1925年8月相继出版。至1930年，《中古欧洲史》已增订五版，《近世欧洲史》第六版已问世。而《新时代外国史教科书》作为高级中学的历史课本，是何炳松所编的第一部中学历史教科书，

---

[1] 胡裕树.何炳松先生与历史教学［A］.刘寅生，谢巍，何淑馨编.何炳松纪念文集［C］.上海：华东师范大学出版社，1990：220.

也是我国第一部由中国人自己编著的外国史教科书。时人评价："商务印书馆由王云五、何炳松等编辑新时代教科书一套，自小学至高中无不齐备，均先后经大学院及教育部审定，风行全国。"[1]。《复兴高级中学外国史》和《复兴初级中学外国史》为当时全国中学普遍采用的外国史教材，并多次重版，新中国成立后在大陆虽不再被采用，但在台湾地区依然流行。《复兴初级中学外国史》（上下册）在1989年以前，"印行就达106版之多"，足见其影响之大。这些教科书集中体现了何炳松的历史教材观。

第一节　历史教科书中的进化总体史观

一、何炳松的进化总体史观

进化论在19世纪末由严复引入中国。20世纪初，梁启超等人以进化论为武器倡导了"史界革命"，对中国史学产生了振聋发聩的影响，由此，进化史观开始成为许多史家信奉并自觉使用的基本观点。很多学者编撰历史教科书都是以进化史观为指导，如，夏曾佑在1904—1906年间撰述完成了《中国古代史》（原名《最新中学中国历史教科书》），这部书首次以进化史观为指导，旨在"总以发明今日社会之原为主"[2]。我国历史上第一部用白话文写成的新式通史，即在1923年出版，由吕思勉撰写的《白话本国史》也是以进化

1　郑鹤声.三十年来中央政府对于编审教科书的检讨［J］.教育杂志，第二十五号，第七卷.

2　夏曾佑.中国古代史［M］.石家庄：河北教育出版社，2000：凡例.

第四章 何炳松历史教科书思想

史观为指导。而何炳松编撰历史教科书的指导思想则是以进化史观为基础的进化总体史观。

何炳松求知欲望和接受能力最强的青年时代正是进化论风行之时。无论在美国还是在中国，何炳松都受到进化论的熏陶，他自觉地接受了进化论思想，并在日后研究历史的过程中，通过吸收中西史学理论的其他内容，不断地对它加以丰富和充实，逐渐形成了"一种力图融汇中西、纵贯古今的进化总体史观"[1]。该史观融汇了诸多思想，包括司马迁、刘知己、章学诚等人"通"的理论、鲁宾逊的"多元史观"、法国史家郎格瓦诺和瑟诺波"综合研究"的历史观，以及德国史家朋汉姆的历史具有关联性的主张等等，是对古今中外历史学家思想的整合。他建立在进化史观的基础之上，但又比进化史观的内涵丰富。一方面，该史观认为人类历史是"演进"的历史，主张用演化的目光看待世界的古今变化，这源于进化史观，笔者将该方面观点称为何炳松的历史进化观；另一方面，该史观认为人类的历史是"综合"的历史，注重历史中各种要素的相互联系，包括个人、团体、社会等相互间具有的关系，人类活动中政治、经济、教育等各个方面具有的联系等，这又体现了综合史观等思想，笔者将该方面观点称为何炳松的历史综合观。历史进化观和历史综合观分别从时间的"纵"的角度和历史要素的"横"的角度来阐述历史的宏观联系。何炳松正是在这种纵横有机交错的历史叙述中勾勒出世界历史的真实面貌。进化总体史观是历史进化观和历史综合观的有机统一，它贯穿于历史教科书始终，成为何炳松编写历史教材的指导思想。

---

[1] 刘馨.何炳松史学思想析论［J］.南开学报，2001（2）：54.

(一)纵的联系:人类历史是"演进"的历史

人类历史是"演进"的历史,这是源于进化史观的观点。何炳松从历史的性质、历史研究的对象、历史学家的责任等方面对此进行了阐释,充分体现了何炳松对进化史观的理解,并为其进化总体史观的形成奠定了基础。他认为,"演化本来是一切生物科学里面一种根本的现象。"[1]人类既然是生物的一种,其历史必然是演化的历史,而"演化就是一种变动,这一种变动是继续不断接连下去的,而且变动的方向,也始终一贯的"。[2]也就是说人类是不断向前发展的。"历史所述者,非人群各种活动之静止状态也,乃其变化之情形也。史家所致意者,即此种空前绝后之变化也,非重复之事实也。故历史者,研究人群活动特异演化之学也,即人类特异生活之记载也。夫人类之特异生活,日新月异,变化无穷。故凡属前言往行,莫不此往彼来,新陈代谢。"[3]"吾人既深信人类为进化之动物,则可知古今环境,断不相同。中外人情,当然互异。互异者,不能强同;不同者,终于殊异。空间迥异,中外无符合之端。时间不同,古今无一辙之理。"[4]显然,他认为历史不存在静止状态,人类的社会活动不可能是孤立和静止的,不存在古今相同的事物。为此,何炳松强调历史研究应打破一些陈腐观念,研究"活的"人类史。"研究历史的人,应该知道人类是很古的,人类是进步的。'古今一辙'的观念同'盲从古人'的习惯统统应该打破的;因为古今的状况,断不是相同

---

1 何炳松.历史上之演化问题及其研究法[A].刘寅生,房鑫亮编.何炳松文集(第二卷)[M].北京:商务印书馆,1997:295.
2 同上书,1997:296.
3 何炳松.历史研究法[M].上海:商务印书馆,1927:2.
4 何炳松.《史地丛刊》发刊辞[A].何炳松论文集[C].刘寅生,谢巍,房鑫亮编校.北京:商务印书馆,1990:6.

的。"[1]"我们要研究的是这个浑沦底(的)变化,并不是研究他在各时代中的静止状态。换句话说,就是我们要研究活的和动的人类史,不是死的和静的人类史。"[2]另外,何炳松还进一步批评了那些仍然抱守陈旧史观的人,强调研究人类进化发展历程是史地学家的责任,进化是研究历史和地理之根本。"夫研究人类进化之陈迹者,史学家之责也;研究人类进化之现状者,地理家之责也。乃进化之说,不出诸史家之口,而出诸研究动物学之达尔文,与研究地质学之利爱尔,宁不可耻。抑有进者,自19世纪以来,社会科学日新月异,而要以进化二字为宗。返观史地著述,犹是陈陈相因,以'明灯'、'殷鉴'诸旧说炫世人之耳目。一若研究历史地理之徒,不识进化二字之于意云何。岂非可异之事哉。"[3]总之,在何炳松看来,历史是不断变化发展的。也正是由于历史的不断变化,何炳松从中推断出"历史无因果","以往人事,既无复现之情,古今状况,又无一辙之理,通概难施,何来定律乎?"[4]"鄙意凡百史实史事,只有源流而无因果。"[5]何氏的"历史无因果"论虽然强调了历史变化中的偶然性,却忽略了历史发展的必然性。同时他主张"社会中决无独立之事实,一个人或一个人群之行为与习惯,均互相关联、互相影响、而互为因果"[6]。这又使自己陷入历史没有因果律而历史发展却有因果关系的

---

1 何炳松.《新史学》导言[A].何炳松论文集[C].北京:商务印书馆,1990:62—63.
2 何炳松.历史研究法[A].何炳松论文集[C].北京:商务印书馆,1990:148.
3 何炳松.发刊词[J].史地丛刊,1920,(1).
4 何炳松.历史研究法[A].何炳松文集(四)[C].北京:商务印书馆,1990:12.
5 何炳松.历史上之演化问题及其研究法[A].刘寅生,房鑫亮编.何炳松文集(第二卷)[M].北京:商务印书馆,1997:744.
6 何炳松.通史新义[M].上海:上海书店,1992:121.

自相矛盾中。另外，何炳松认为历史进化是由人的心理决定的。他认为社会演化"真因为何？即人类内心之动机是已"[1]，"吾人果欲说明所有社会事实之演化，非直溯心理之原因不可"[2]。他只看到了人的动机和需要在历史发展中的重要影响，但没有意识到生产力的决定作用，明显地犯了唯心主义的错误。

但总的来说，何炳松这一有关人类演进的观点是值得肯定的。它突破了循环史观和神意史观的桎梏，为彻底否定旧传统、旧制度、旧文化创造了条件，为张扬理性精神、接受科学思想打下了基础。在唯物史观引入中国之前，进化史观是最先进的历史观，在当时宣扬它具有一定的积极意义。何炳松作为进化论的忠实信徒，和其他很多信仰者一样，运用进化史观向旧史学发动了猛烈进攻，进一步扩大了进化史观的影响。其最为突出的贡献是将进化史观通过教科书的形式普及于更多的非史学者（学生和普通老百姓）。

何炳松的进化史观是其总体史观的基础和有机组成部分，因而何炳松的进化史观是其编撰历史教科书最基本的指导思想。何炳松在《复兴高中外国史》的编辑大意中提到，教科书"要'纲举目张'，以文化的演进为经，以过去的事象为纬"[3]。这就是说教科书的编写应该以人类文化的演进为主线。对于历史教科书的目的和范围，何炳松谈到，"所以我们课本中所采取的材料和所包的范围就应该以综合研究四个字来做标准，目的在于说明人类全部文化的演进。换句话说，就是凡是足以证实人类全部文化演进的事迹都是

---

1 何炳松.通史新义[M].上海：上海书店，1992：序.
2 同上书，1992：132.
3 何炳松.复兴教科书高中外国史[A].刘寅生，房鑫亮编.何炳松文集（第五卷）[M].北京：商务印书馆，1997：242.

历史课本范围中的材料。"[1]《中古欧洲史》的绪论里也有类似观点，"本书的目的，在于叙述自蛮族南下以后至近世诸国兴起时止之各种重要变化，以明近世欧洲文明之渊源。"[2] 在中外历史界限划分上，何炳松认为，"我们要划分中外史的界限亦应该以文化的演进为标准。"[3] 选材如何详略是教材编撰中的重要问题之一，对此，何炳松也有其独到的见解："此外对于欧洲和其他各洲史事的分配，则以世界一般文化的演进情形为详略标准。"[4] 可见，何炳松在编撰历史教科书的过程中，将历史教科书的主线、编写教科书的目的和范围、中外历史界限的划分、选材的详略等问题与"演进"二字紧密相连，进化史观始终起着重要的指导作用。何炳松以历史进化史观为编撰历史教科书的指导思想，以此来表明物换星移、世事沧桑的历史进化过程，诠释世界历史的兴衰隆替、发展嬗变。通观其编辑的教材，我们不难发觉，无论是总体的结构编排，还是某些特定的章节子目，甚至是某些段落的字里行间，都闪烁着进化史观的思想。兹以《复兴初级中学外国史》为例。在总体结构的编排上，该教科书根据人类社会不断变化发展的演进过程，将全书分成上古史、中古史、近世史、现代史与总论五大部分，脉络清晰，条理清楚。观其目录，人类演化的大致过程，一目了然。翻开该书，"动物的演化"、"人形动物的演化"、"各人种的分布和变化"等子目映入眼帘，就其字面，便可发觉这是进化史观的运用。在教

---

1 何炳松.复兴教科书高中外国史［A］.刘寅生，房鑫亮编.何炳松文集（第五卷）［M］.北京：商务印书馆，1997：242.
2 何炳松.中古欧洲史［A］.刘寅生，房鑫亮编.何炳松文集（第一卷）［M］.北京：商务印书馆，1996：1.
3 何炳松.复兴教科书高中外国史［A］.刘寅生，房鑫亮编.何炳松文集（第五卷）［M］.北京：商务印书馆，1997：246.
4 同上书，1997：244.

科书里，进化史观更多地是渗透在历史叙述中，常常可见，如："世界史的范围，自古至今，愈趋愈广。自上古至中古末年为黄种民族活动的时代，其方向由东向西。同时西洋民族的活动范围，则始终仅以地中海沿岸四周为限。自从十五十六两世纪之交，葡萄牙人和西班牙人开始海外探险发现通航新路和美洲以后，世界的形势就为之一变。此后欧洲恶人不但反而东来，而且向西入美，南向入非，几有囊括全世界的趋势。现在所谓帝国主义的侵略从此开端。这真是世界大势上一个绝大的转变。"[1] 该叙述是从不断变化发展和相互联系的角度来看待世界形势，无疑是对进化史观的充分运用。

（二）横的联系：人类的历史是"综合"的历史

历史是进步的，研究历史和编写历史的目的在于说明人类全部文化的演进。然而在叙述历史时，如何处理个人、团体、社会之间的关系？历史的演进中如何处理政治、经济等人类活动的关系？诸如此类的问题是进化史观所无法回答的。但是为了彻底弄清人类是如何演进又必须回答，因为进化史观阐述了历史发展中的"纵"的方面，而历史发展的"横"的方面究竟怎样，尚待解决，同时，也只有处理好了历史横向的各种要素间的相互关系之后，才能真正说明人类文化的"纵"的演进。何炳松吸取了西方综合研究等史学思想，经过仔细揣摩，终于找到了答案。第一，他认为个人、团体、社会之间应该是相互联系的，不应把历史看成个别孤立的人的活动，而应该把它看成人类社会的总体活动。"社会中决无独立之事实，一个人或一个人群之行为与习惯，均互相关联、互相影响、互

---

1 何炳松.复兴教科书初中外国史·编辑大意［A］.刘寅生，房鑫亮编.何炳松文集（第五卷）［M］.北京：商务印书馆，1997：126.

为因果。"[1] "我们研究社会史，必要注意这个共通性；因为人类的各种行为和思想，无论是个人的或者是团体的，其间总有一种联带的关系。"[2] 这也就是说，历史叙述不应只注重个人，而应该从人类社会的整体出发。第二，他认为，人类社会的全部活动可概括为政治、经济等五个方面，只有研究人类活动的全部，才能找到社会演化的真正原因。他认为人类过去的活动"大体有五个方面：经济、政治、教育、美术、宗教"，而"对于这五个方面并不是研究他们的支体，应该研究他们的浑沦。所谓浑沦，就是这五个方面所并成的一个整个东西"。[3] 他还说"我们如单单研究人类活动的一部分，如政治或宗教等，要追溯原因就不容易。因为有许多事实，他的变化并不发动于他自己的本身。例如商业上的变化的原因不一定属于商业，文学上的变化的原因不一定属于文学，我们决不能专在同一类活动中去搜寻变动的原因。换句话说，就是我们研究社会上各种现象变动的时候，我们决不可忘却人类各种活动中的共同通性"。[4] 这也就是说人类各种活动是相互关联的，只有研究人类历史各个部分的关系，及其由各个部分组成的有机整体，才能把握人类演进的原因。

由此可见，何炳松的论述较为清楚地解决了历史发展中的"横"的问题，这是进化史观所不能解决的。但何炳松正是由于坚持进化史观，才发觉要想彻底弄清楚人类文化的演进，必须从历史的横向角度来考察历史问题。因而，何炳松对历史的纵向探索是基

---

1 何炳松.通史新义［M］.上海：上海书店，1992：121.
2 何炳松.历史上之演化问题及其研究法［A］.何炳松论文集［C］.北京：商务印书馆，1990：197.
3 何炳松.历史研究法［A］.何炳松论文集［C］.北京：商务印书馆，1990：148.
4 何炳松.历史上之演化问题及其研究法［J］.史学与地学，1929（4）.

于进化史观，而对历史的横向探索也是源于进化史观，进化史观是其研究历史的最基本的历史观。在解决历史的"横"的问题过程中，何炳松自觉地将进化史观与"综合研究"等思想相互融合，逐步发展为进化总体史观。

二、进化总体史观与何炳松历史教科书的编写

进化总体史观作为编写历史教科书的指导思想，贯穿于历史教科书始终，体现于历史教科书的体例结构安排、宏观的内容选择、中外史界限的划分、教材的详略处理及微观具体叙述中。

在体例结构上，何炳松认为，历史教科书"要'纲举目张'，以文化的演进为经，以过去的事象为纬"。[1] 也就是说教科书的编写应该以人类文化的演进为主线，并且考虑到历史各种"事象"的相互联系。这显然受到进化总体史观的影响。进化总体史观主张人类历史是"演进"的历史，人类的历史是"综合"的历史，重视历史的宏观联系，这和通史所包涵的直通、旁通、会通三层含义相吻合。[2] 由此，何炳松编写的历史教科书采用了章节体的通史体例。如《初中外国史》教科书根据人类社会不断变化发展的演进过程，将全书分成上古史、中古史、近世史、现代史及总论五大部分，下面列有诸多章节，而各章节里政治、经济、宗教、教育、学术等各个方面均有一定的安排，脉络清晰，条理清楚。观其目录，人类演进的大致情形，便可一目了然。

关于历史教科书选材的目的和范围，何炳松在《复兴高级中

---

1 何炳松.复兴教科书高中外国史［A］.刘寅生，房鑫亮编.何炳松文集（第五卷）［M］.北京：商务印书馆，1997：242.
2 白月桥.历史教学问题探讨［M］.北京：教育科学出版社.1997：194.

学外国史》序言中提到,"所以我们课本中所采取的材料和所包的范围就应该以综合研究四个字来做标准,目的在于说明人类全部文化的演进。换句话说,就是凡是足以证实人类全部文化演进的事迹都是历史课本范围中的材料。"[1] 所谓"综合的研究"就是"要同时研究人类政治的、经济的、学术的、教育的和宗教的等等活动的交互错综的情形"[2]。"综合研究"思想渗透于何炳松编撰的历史教科书中。何炳松编的1934年版《复兴教科书高中外国史》共有57章、199节,其中以非政治史为主的章节有64节,占所有章节的32%左右。虽然,该教科书依然以政治史为主体,但与过去几乎以政治史为全部内容的历史教科书相比,已经是很大的进步。[3]

在中外历史界限划分上,何炳松认为,"我们要划分中外史的界限亦应该以文化的演进为标准。"[4] 他还进一步指出,凡是在历史演进过程中与某一地域有所关联的事物,都应该划到该地区历史中,不管是中国史,还是外国史。如:"上古亚洲北部的黄种人如匈奴、月氏等,当他们还未西迁以前,应属中国史的范围。"[5] "凡是和中国没有关系的民族和文化,固然是外国史的范围;就是中国史上大有影响于外国民族和文化的事迹,亦应属于外

---

[1] 何炳松.复兴教科书高中外国史[A].刘寅生,房鑫亮编.何炳松文集(第五卷)[M].北京:商务印书馆,1997:242.
[2] 何炳松.复兴教科书高中外国史[A].刘寅生,房鑫亮编.何炳松文集(第五卷)[M].北京:商务印书馆,1997:242.
[3] 张天明,赵海红.何炳松外国史教科书选材思想的现实启示[J].中学历史教学,2007(11).
[4] 何炳松.复兴教科书高中外国史[A].刘寅生,房鑫亮编.何炳松文集(第五卷)[M].北京:商务印书馆,1997:242.
[5] 同上书,1997:235.

国史的范围。"[1] 在教材详略处理上，何炳松也受到进化总体史观的影响。"此外对于欧洲和其他各洲史事的分配，则以世界一般文化的演进情形为详略标准"[2]，"上古和中古的文化重心既多在亚洲，故不能不并详亚洲；十六世纪以来的世界文化重心既大部在欧洲，故不能不特详欧洲。这是就世界人类文化演进的方向不同，而分配本书对于亚欧两洲史绩详略的又一个大概。"[3] 通观何炳松编写的历史教科书，我们不难发觉进化总体史观的思想处处闪现。以《复兴初级中学外国史》为例，该书设有"动物的演化"、"人形动物的演化"、"各人种的分布和变化"等子目，就其字面含义，便知是进化总体史观的体现。在教科书里，进化总体史观思想渗透于各处的历史叙述中，常常可见。如："世界史的范围，自古至今，愈趋愈广。自上古至中古末年为黄种民族活动的时代，其方向由东而西。同时西洋民族的活动范围，则始终仅以地中海沿岸四周为限。"[4] "自从十五、十六两世纪之交，葡萄牙人和西班牙人开始海外探险发现新航路和美洲以后，世界的形势就为之一变。此后欧洲恶人不但反而东来，而且向西入美，向南入非，几有囊括全世界的趋势。现在所谓帝国主义的侵略从此开端。这真是世界大势上一个绝大的转变。"[5] 该叙述是从不断变化发展和相互联系的角度来看待世界形势，无疑是对进化总体史观的充分运用。

1　何炳松.复兴教科书高中外国史［A］.刘寅生，房鑫亮编.何炳松文集（第五卷）[M].北京：商务印书馆，1997：236.
2　同上书，1997：244.
3　同上书，1997：242.
4　何炳松.复兴教科书初中外国史·编辑大意.刘寅生，房鑫亮编.何炳松文集（第五卷）[M].北京：商务印书馆，1997：126.
5　同上。

三、何炳松进化总体史观运用于历史教科书之评析

何炳松将进化总体史观作为编写历史教科书的指导思想，具有一定的历史进步意义。20世纪初，梁启超等人以进化论为武器倡导了"史界革命"，对中国史学产生了巨大影响，自此之后，进化史观成为许多史家信奉并自觉运用的基本史学观点。很多学者所编撰历史教科书都是以进化史观为指导，如，夏曾佑在1904—1906年著成的《中国古代史》，旨在"总以发明今日社会之原为主"[1]，其指导思想就是进化史观。很多其他影响较大的历史教科书，如，傅运森编撰的《共和国教科书西洋史》（1913年版）、吕思勉撰写的《白话本国史》（1923年版）、陈衡哲编撰的《新学制高级中学教科书西洋史》（1924年版）、金兆梓编撰的《高中外国史》（1934—1935年版）、陈祖源编撰的《初级中学外国史》（1935年版）等，都是以进化史观为指导。而何炳松编写的《复兴初级中学外国史》（1933年初版）、《复兴高级中学外国史》（1934年初版）则是以进化总体史观为指导。进化总体史观诠释出人类历史的兴衰隆替和发展嬗变，全面客观地呈现出历史的变化图景，便于学生更加清楚地把握和理解历史发展的大致脉络。因此，相对于其他以进化史观为指导的历史教科书来说，这些历史教科书无疑更具科学性和先进性。它们的出版和使用普及了进化总体史观，改变了学生陈旧的历史观念，提高了学生的史学素养，促进了中学历史教育的发展和进步。

何炳松将进化总体史观作为历史教科书编写的指导思想，一

---

1 夏曾佑.中国古代史［M］.石家庄：河北教育出版社，2000：凡例.

定程度上发挥了历史学对历史教育发展的支持和促进作用，值得肯定。他在编撰历史教科书的过程中也考虑到了学生的心理因素，如在《复兴初级中学外国史》的"编辑大意"中提到了课时如何分配的问题，课文章节中各"节"的内容大致相当等，但从总体上来说，心理因素并没有成为影响历史教科书编写的重要因素。科学的历史教科书应该受到先进史学思想和教育理论的双重指导，学科体系逻辑和学习心理逻辑有机统一。[1] 何炳松的历史教科书主要以进化总体史观、反对"欧洲中心论"等史学思想为指导，较多地考虑了教科书编写的学科体系逻辑，而在一定程度上忽视了教科书编写的学习心理逻辑，显然是不够科学的。

何炳松先生在进化史观的基础上融合其他多种史学思想，形成了进化总体史观，并进一步将该思想运用于历史教科书编写之中，使其通过教科书普及于学生和其他大众。这一过程展现了一个史学大家身体力行研究史学，并将自己的史学研究成果直接引入基础历史教育的成功范例，更体现出一个史学大家在内心深处对中小学历史教育的关心、热爱和执着。这份关心和执着的背后是对中小学历史教育关乎国家存亡、民族兴衰之重要作用的深刻认识，是对民族兴盛强大、国家繁荣富强的殷切期盼，所体现的是深入骨髓的爱国主义真挚情感。近些年，我国史学界除了齐世荣、王斯德、徐蓝、马敏、朱汉国、钱乘旦、王加丰、余伟民、赵世瑜、许序雅、周巩固等部分学者非常关心中小学历史教育之外，大部分史学研究者均较为疏远基础历史教育。重温何炳松先生的这些探索，将会带给我们众多史学工作者以经验、感动和激励，甚至鞭策，唤起我们对基础历史教育应有的责任感，促使其走出史学研究的

---

1 黄牧航.论中学历史教材的逻辑结构［J］.历史教学，2003（6）.

"本位"，自觉运用史学特长，积极探索中小学历史教育的改革与发展。

第二节 历史教科书中的人种史观

何炳松在自己编著的历史教科书中常常可以见到有关人种的叙述。关于人种的叙述主要有三种方式：第一，整章节的专门介绍。如：《复兴初级中学外国史》第一章第三节就是"人种的分布"。这一节详细介绍了世界上黄种、白种、黑种三大人种及其各自的分布情况，为以后人种变迁叙述打下了基础。第二，在介绍某一宗教、民族、国家、人物时，往往说明其所属或与之相关的人种。如："但他（耶稣基督）所创的基督教，却风行很广，成为现代世界上白种人中一个主要的宗教；"[1] "古代印度的民族属于白种中的印度系；"[2] "公元前千年左右，已先有一种非白种的民族占据了罗马，这就是自亚洲移来的伊达拉里亚人（Etruscan）。"[3] 诸如此类，不胜枚举。第三，将人种兴衰作为历史发展的重要线索来叙述历史。人种问题往往与国家、地区、民族等问题交织在一起，何炳松不仅从国家、民族角度来叙述历史，而且较为注重从人种发展变化的角度来探讨整个历史发展的潮流。《复兴初级中学外国史》的"总论"就指出："我们就世界史上潮流看，十五世纪以前的世界

---

1 何炳松著.刘寅生，房鑫亮编校.何炳松文集（第五卷）[M].北京：商务印书馆，1997：27.
2 同上书，1997：30.
3 同上书，1997：46.

史是黄族势力向西发展的时代,十六世纪以后的世界史忽一变而为欧洲白种势力向东侵略的时代。"[1] 由此可见,何炳松将人种的兴衰与地区的兴衰巧妙地联系起来,由叙述人种的变化引出世界各大洲的成败更替。

需要指出的是,何炳松外国史教科书中多次提到了黄种人曾经的强盛。如:《复兴初级中学外国史》的"中古史的总结"提到:"到了中古时代,突厥人和蒙古人,竟起来推翻阿拉伯人的霸权,深入东欧,建设了几个大帝国。所以中古时代可以说是黄种民族势力最盛的时代,亦是亚洲民族压倒欧洲的时代。"[2] 此外,教科书中还有其他类似叙述,如,"到中古时代,亚洲黄种人向西迁入东欧、西南亚,夺得原来白种人的居地,一时有囊括亚欧之势。一部分又向南迁入南洋诸岛去占领黑种人的居地。可以说是黄种人势力的极盛时代。"[3]

何炳松如此热衷于黄白两大种族兴衰变化的叙述具有一定历史背景和心理动因。鸦片战争后,中国逐步沦为半殖民地半封建社会,中华民族的民族心理由民族自大逐渐走向了民族自卑,而外来的侵略者主要是欧美的白种人,民族的衰落与人种的败落在人们的意识中逐渐结合,民族自卑就衍化为种族自卑。虽然何炳松生活的年代已有所改变,日本人作为黄种人的一支已走向了自强,走向了对外扩张,并逐渐加剧了对中国的侵略,但英、法、美等白种人国家依然是世界上最强大的国家,而中国人对白种人的憎恨和恐惧还没有完全被对日本人的恨怕交织的情感所取代。伴随着白种殖民者

---

[1] 何炳松著.刘寅生,房鑫亮编.何炳松文集(第五卷)[M].北京:商务印书馆,1997:237.

[2] 同上书,1997:123—124.

[3] 同上书,1997:20.

侵略扩张的是人种优劣论的传播，白色种人视世界上其他种族为劣等民族，作为黄种的中国人显然是其鄙夷的对象。[1] 何炳松本人曾留学美国，和其他留学生一样，对于美国白人歧视有色人种深有体会，也深恶痛绝。因而，何炳松多次提到黄种民族曾经的兴盛，这实际上是希望从过去的辉煌中找回失落的种族自信，进而找回国家自信和民族自信。

当时世界上几乎所有的黄种民族都受到白种人的奴役和歧视，人们容易将国家和民族矛盾上升为种族矛盾。"欧美各国从前盛唱'大日耳曼'、'大斯拉夫'、'大塞尔维亚'等主义，近年来又很提倡'大阿利安'主义的人，在英美两国，尤为哄动一时。"[2] 何炳松认为，"他们的意思想联合所有世界上的白种人来同黄种人相抗。就此可见白种人已经有一种从民族觉悟到人种觉悟的趋向。"[3] 因此，何炳松主张，"我们黄种人应该有一种相当的觉悟同准备才好。我们虽然不必提倡'大亚西亚主义'，我们至少应该竭力提倡一个'大蒙古种主义'……我们黄种人要想永久在太阳下占一个生存的位置，非我们自己同种人释嫌携手，努力自强不可。"[4] 这也就说明，何炳松多次提到人种问题，实际上是希望黄种人的不同国家和民族能够联合起来，反抗英美等白种人国家的压迫，从而以种族的独立自强推动民族国家的解放繁荣。诚然，何炳松反抗帝国主义侵略的愿望是良好的，但他只强调种族矛盾而忽略民族矛盾也是不科学的。他没有意识到白种人中也有可以联合的民族，黄种人中也

---

1 郑师渠.近代中国的文化民族主义 [J].历史研究，1995（5）.
2 何炳松.人类史上的惨杀案 [A].刘寅生，谢巍，何淑馨编.何炳松纪念文集 [C].上海：华东师范大学出版社，1990：17.
3 同上书，1990：18.
4 同上.

有必须警惕的对象。在中日矛盾逐渐上升时，他的这种思想容易导致国民丧失对日本帝国主义的警惕，该人种理论也容易被日本帝国主义和一些国内亲日派所利用，黄种人的兴衰历史由原本的复兴中华民族和所有黄种人的振奋剂反而变成了日本帝国主义侵略其他黄种人国家和地区的幌子，成为国内汉奸走狗卖国求荣却振振有辞的理论法宝。

值得一提的是，虽然何炳松非常重视人种观在历史教科书编撰中的运用，但他并不认为人种观能解释一切历史事实，如他认为，"何以同一人种中祖宗与子孙之生活并不相同。"[1] 人种观也未能像进化总体史观一样左右历史教科书的体系。

第三节　历史教科书的选材标准

教科书内容的选择是教科书编写过程中一个重要而艰巨的环节。人民教育出版社藏嵘先生曾说："几乎所有编写过教科书的人都认为，历史教科书编写中最大的难题就是选材。"[2] 何炳松先生对于历史教科书的选材问题进行过一定的探索。他曾编著《新时代外国史教科书》（1929年初版）、《复兴教科书高中外国史》（1934年初版）、《复兴教科书初中外国史》（1937年初版）等中学历史教科书。其中，《复兴教科书高中外国史》和《复兴教科书初中外国史》多次重版，影响广泛而深远。这些历史教科书较

1　何炳松.通史新义[M].上海：上海书店，1992：163.
2　藏嵘.历史教科书纵横谈[M].北京：人民教育出版社，1999：69.

为集中地体现了何炳松历史教科书的选材思想。探讨何炳松历史教科书的选材思想，可以为我国当前历史教科书的改革提供有益的借鉴。

一、"综合眼光"标准：反对"欧洲中心论"和"中国中心论"，主张关注世界各地的历史发展

近代以来，中外学者编撰或编译的世界史（外国史、西洋史）教科书几乎都以"欧洲中心论"为指导，"寻常所谓外国史或世界史，多半是欧洲中心扩大起来的西洋史"[1]。何炳松认为，欧洲固然是现代世界文化的重心，值得注意，但是亚洲等一些地区的民族在上古和中古时对于世界的文化有很大贡献，"不应因为他们久已衰亡，就可符合欧洲史家的偏见，一概置之不理"[2]。这就较为明确地提出了反对"欧洲中心论"。何炳松反对"欧洲中心论"固然有爱国情感和民族情感的动因，但更是求真精神使然，这在他编撰的《复兴教科书初中外国史》中明显体现。在该书的"编辑大意"中，何炳松提出反对"欧洲中心论"，同时也提出反对"中国中心论"，"旧式外国史总以欧洲一洲为中心；东洋史则以中国一国为中心。欧洲和中国固然为东西两洋文化的重心，不可忽视，但亦不宜偏重。"[3] 由此可见，何炳松在对待历史问题上将"求真"作为最高准则，并没有由于爱国而忘记了求真，表现出一个历史学家的

---

1 何炳松.复兴教科书高中外国史[A].刘寅生，房鑫亮编.何炳松文集（第五卷）[M].北京：商务印书馆，1997：243.
2 刘寅生，房鑫亮编.何炳松文集（第五卷）[M].北京：商务印书馆，1997：243.
3 同上书，1997：100.

坦荡胸怀和尊重历史客观事实的科学态度。如何改变历史教科书受"欧洲中心论"支配的状况？何炳松指出，应该"用综合的眼光，把东西史家向来轻视的西部亚洲史，给以相当的地位"[1]。此处的"综合眼光"指的就是：既反对"欧洲中心论"又反对"中国中心论"，不忽略"中心"以外的历史，主张关注世界各个地区的历史发展。

"综合眼光"思想在何炳松所编撰的历史教科书中得到了贯彻和落实。在《复兴教科书初中外国史》的"编辑大意"中，何炳松指出，"对于古代的匈奴与安息，中古的波斯突厥以及南洋诸国，均较寻常课本为详。惟亦不欲故意夸张，给以不应得的篇幅。"[2]在《复兴教科书高中外国史》"序言"中何炳松也提出了类似的观点，"著者很想在本书中用一种新的立场，把亚洲匈奴人、安息人、月氏人、突厥人、蒙古人等向来受人轻视的民族，根据他们在世界文化史上活动和贡献的程度，给以相当的位置，而加以叙述。"[3]"综合眼光"思想渗透于何炳松编写的历史教科书中。以南洋诸国为例，何炳松在其编写的中学历史教科书中突出了南洋诸国在世界史上的重要地位。如《复兴教科书初中外国史》就专门列了两节来叙述"南洋诸国"问题，即第十一章第六节"南洋诸国的开化"、第二十三章第四节"印度和南洋诸国的灭亡"，其中一个子目就是"中古南洋为世界商业的中心"，南洋诸国的历史地位得以凸显。在具体内容的叙述上，教科书提到："南洋诸国地处中国、印度和后起的阿拉伯三大文化的中间，而且为引起最后欧洲势

---

1 刘寅生，房鑫亮编.何炳松文集（第五卷）[M].北京：商务印书馆，1997：3.
2 同上.
3 同上书，1997：243.

力东渐的一个重要的因素。"[1]"亚欧两洲间的商业，自从波斯中兴和阿拉伯人继霸之后，逐渐由中亚的陆上移到南洋的海中……到了近世初年，南洋诸国一带成为中国、印度和阿拉伯文化对峙的地方。"[2]诸如此类的历史叙述，不仅清楚地阐述了南洋诸国重要的历史地位和作用，同时为人们探索和认识东西方文明中心转移的过程提供了一条重要线索。胡裕树先生将《复兴教科书高中外国史》和《复兴教科书初中外国史》的章节目录与欧洲学者所编的世界史相比较后得出结论，两套教科书对"西亚、南洋等地区的叙述分量远超欧洲人的著作"[3]。足见"综合眼光"思想在两套教科书中体现充分。

以"综合眼光"编撰外国史教科书，这在当时的中国几乎是绝无仅有的。20世纪前期的中国，不管是翻译的外国史（世界史、西洋史）教材，还是由中国人自己编撰的外国史教材，都是以"欧洲中心论"为指导。如秦瑞玠的《小学西洋历史教科书》（文明书局1905年），傅运森的《共和国教科书西洋史》（商务印书馆1913年）等，都很少涉及欧洲以外的历史；20年代的外国史，基本上类似于陈衡哲编的《新学制高中西洋史》（商务印书馆1924年），该书以"'文化的欧洲'及纯粹欧化的美洲为限"[4]；30年代的外国史，如金兆梓《新中华外国史》（新国民图书社1930年）、郑昶《初中外国史》（中华书局1934年）、孙逸殊《高中外国史》（世界书局1937年）等教科书也没有摆脱"欧洲中心论"的拘囿。而何炳松自

---

1 刘寅生，房鑫亮编.何炳松文集（第五卷）[M].北京：商务印书馆，1997：3.
2 同上书，1997：102.
3 胡裕树.何炳松先生与历史教学——重读中学教科书《外国史》的体会[A]. 刘寅生，谢巍，何淑馨.何炳松纪念文集[C].上海：华东师范大学出版社，1990：216.
4 严志梁.我国的历史教育和历史教科书[J].课程·教材·教法，1995（10）.

己早期编译的《中古欧洲史》（1924年）、《近世欧洲史》（1925年）中也没有提到和体现"综合眼光"思想。这两部编译的大学教材是以美国鲁宾逊与俾耳德合著的《欧洲史大纲》第二卷为蓝本，并取材于二人所著的《现代欧洲史》。[1] 两部书中的史学观基本上沿用了欧美史学家的观点，而书中所体现的"欧洲中心论"代表了当时西方史学界的共识。虽然在20世纪上半叶，西方文化形态学派的史学为人们描绘了一幅客观的世界历史图景，对19世纪以西欧为中心的旧的世界史观进行了挑战，但没有明确提出反对欧洲中心论。在西方较早提出反对"欧洲中心论"的人是英国著名史学家杰弗里·巴勒克拉夫。他在1955年的《处于变动世界中的历史学》中呼吁历史学家应当"跳出欧洲、跳出西方，将视线投射到所有的地区与所有的时代"[2]，提出反对"欧洲中心论"，阐明了他的"全球历史观"。这里的"全球历史观"类似于何炳松的"综合眼光"。在我国，对欧洲中心论的批评，可能始于雷海宗先生，他于1928年评韦尔斯《世界史纲》时，就指出，"书虽名为世界史，实只头绪错乱参杂质的西洋史。"[3] 但他并没有将该观点融入大学教材和中小学历史教科书的编写之中。周谷城先生在20世纪40年代初期开始把世界历史作为一个整体进行教学和研究。他于1949年发表《世界通史》，这部书反对以欧洲为中心，主张从整体上来考察世界历史。但直到20世纪50年代末，"欧洲中心论"的历史观点才受到我国国内史学界的普遍批判。然而何

---

1 何炳松.何炳松文集（第四卷）[M]. 北京：商务印书馆，1997：711.
2 Geoffrey Barraclough, *History in a Changing World* [M]. Norman: University of Oklahoma Press, 1955: 133.
3 雷海宗.伯伦史学集[M]. 北京：中华书局，2002：616.

炳松先生早在1933年就已明确提出了反对"欧洲中心论"[1],并且主张用"综合眼光"进行历史教科书的选材,将反对"欧洲中心论"的观点首次用于历史教科书的编撰之中,这具有一定的前瞻性。

何炳松提出反对"欧洲中心论"的史学观点,通过历史教科书这一特殊载体得以广泛传播,一方面为广大青少年获取更为全面的历史知识,形成正确的历史观奠定了基础;另一方面,在学术上影响了此后的史学家。随着世界经济全球化,每个国家和整个世界都是一种全息的关系,每一个民族和地区都是世界整体中不可分割的一部分。忽视任何一个地方的历史都会影响学生对世界历史的整体认识。而中学世界史教育对于"培养学生的国际理解能力具有无法替代的作用"。作为中学生学习世界历史的主要资源,世界史教科书只有全面地呈现世界各民族和各地区的历史状况,学生们才能在了解的基础上做到对他民族和地区历史文化的理解,从而培养起真正的国际理解能力。当今世界,传统"欧洲中心论"仍笼罩着世界史学界,而近些年"欧洲中心论"的变型是"欧美中心论"。"从国际历史科学委员会及其秘书处历届的组成,以及活动的导向和科研选题等的剖析来看,第三世界广大发展中国家不被重视的情况是十分明显的。"[2]因此,我国史学界还必须对此高度重视,应该用诸如"综合眼光"等类似观点捍卫中国史学乃至整个第三世界史学的尊严。而我国目前的世界史教科书还是对欧美等国家叙述过多,

---

1 何炳松的《复兴教科书高中外国史》序言和《复兴教科书初中外国史》编辑大意都写于1933年5月1日,两者皆明确提出反对"欧洲中心论"。
2 胡裕树.何炳松先生与历史教学——重读中学教科书《外国史》的体会[A]. 刘寅生,谢巍,何淑馨.何炳松纪念文集[C].上海:华东师范大学出版社,1990:216.

对包括中国在内的亚、非、拉美等相对落后的民族、国家的历史发展及作用则语焉不详,只是把它们作为世界历史的配角来叙述。所以,历史教育界应该像何炳松先生一样,将类似于"综合眼光"的观点运用于教科书内容的选择之中,让学生能够了解到一个全面而真实的人类历史,将类似于"综合眼光"的史学观点通过历史教科书等形式普及于大众。

二、"综合研究"标准:反对偏重政治史,主张从整体上把握人类历史的各个方面

人类的活动丰富多彩,政治、经济、科技、艺术、文学等,令人目不暇接。然而,中国古代的史书和20世纪前期的历史教科书基本以政治军事史为主,战争、夺权、朝代更替充斥着历史画面。1922年,梁启超在中华教育社历史教育组会议上递交了一份提案,名为《中学国史教本改造案并目录》。在该提案中他指出,现行教科书最主要的缺点有三:一是几乎全属政治史,而政治史不是历史的全部;二是专注于朝代兴亡及战争;三是关于社会及文化事项叙述过于简单。因此,他主张以文化史代替政治史,要求将以前在教科书中"简略叙述,视为附庸"的社会及经济与文化部分增加到全书一半的篇幅。他还专门设计了200课目录,作为初中三年的历史课程内容,为近代历史教科书的编制规划了比较详尽的蓝图。[1] 可惜的是,梁启超的方案并没有付诸实施。在"历史不应只重政治史"这一点上,何炳松与梁启超英雄所见略同,而何炳松却进一步将它运用到历史教科书的编撰之中。

---

1 梁启超.饮冰室合集(文集之三十六)[M].北京:中华书局,1989:26—27.

在编写历史教科书的过程中，何炳松认为编辑历史课本实在是一件很不容易的工作，因为，"就编辑课本的眼光看来，历史的材料实在太多，历史的范围亦实在太广。材料既多当然不能不加以选择，范围既广当然不能不加以限制。"[1] 他指出，如果没有一定的标准，那么在选择材料和限制范围时，就要受个人成见的支配，"或者偏重政治，或者偏重经济，或者偏重民族精神，或者偏重大同主义，因此就要发生偏而不全的毛病。"[2] 如何避免个人的成见？何炳松认为，"只有绝对应用科学标准的一法。现在史学上最（符）合科学的新标准就是'综合的研究'。"[3]

所谓"综合研究"就是"要同时研究人类政治的、经济的、学术的、教育的和宗教的等等活动的交互错纵（综）的情形"[4]。这包括两层含义：第一，注意全面地把握人类历史，历史由政治、经济、学术、教育和宗教等多种活动构成；第二，注意各种历史要素的相互联系，从整体上把握人类历史的发展，"应该研究他们的浑沦，所谓浑沦，就是这五个方面所并成的一个整个东西"[5]。因为人类的历史是各种活动历史的总和，如果"单单研究这种种活动的一部分，那末（么）我们对于人类的文化[6]决不能窥见他的全貌"[7]。相对于以政治

---

1 何炳松.复兴教科书高中外国史［A］.刘寅生，房鑫亮编.何炳松文集（第五卷）［M］.北京：商务印书馆，1997：241.
2 同上书，1997：241.
3 同上.
4 同上书，1997：242.
5 何炳松.何炳松论文集［M］.北京：商务印书馆，1990：148.
6 何炳松对"文化"的理解有广义和狭义之分，这里的"文化"是个广义的概念，包括政治、军事等在内的所有人类活动，而他在历史教科书的各章节子目中所列的"文化"，是个狭义的概念，仅指学术、教育、科技、艺术等方面，和现在通常所说的文化概念相似。
7 何炳松.复兴教科书高中外国史［A］.刘寅生，房鑫亮编.何炳松文集（第五卷）［M］.北京：商务印书馆，1997：242.

史为中心的历史观来说，"综合研究"的史学思想是科学的。我们应该用这样的思想作为历史教科书内容的选择标准。

何炳松提出"综合研究"的选材标准是与其留学经历分不开的。1912—1916年何炳松留学美国，其间正是鲁宾逊《新史学》刚发表的时候。何炳松接受了鲁氏一派的观点，回国后致力于翻译、介绍该派的学说，可以说他崭新的历史教材内容观吸收了美国鲁宾逊的"新史学"观点。该理论主要观点为：反对只偏重研究政治史，主张把历史的范围扩大到人类既往的全部活动，反对专讲历史上的大人物、大事件，主张重视各个历史时期的普通人和普通事，等等。何炳松正是由于受到西方新史学的影响，吸收了其中的"综合研究"的思想，并将之作为自己编撰历史教科书的重要选材标准，从而打破了历史教科书偏重政治史的藩篱。

"综合研究"思想渗透于何炳松编撰的历史教科书中。1934年版的《复兴教科书高中外国史》（上、下册）共有57章、199节，其中以非政治史为主的章节有64节，占所有章节的32%左右。这与过去几乎以政治史为全部内容的史书和历史教科书相比，已经有了很大进步。在教科书中，有的整章几乎全部用来叙述人类的文化，如《复兴教科书外国史》有第二章"古代西洋的文化"、第十三章"中古欧洲的文化"等，《复兴教科书高中外国史》（上册）有第二章"埃及文化的起源"、第三章"亚洲美洲的古文化"、第二十七章"中古时代的书籍和科学"、第二十九章"欧洲的文艺复兴和商业繁荣"等。以专门章节的形式并且用如此之多的章节来叙述政治军事以外的历史，这确实让见惯了传统史书的人耳目一新。而《复兴教科书高中外国史》（上册）第二十六章是"中古时代欧洲人的生活"，该章描绘了历史上的普通民众的生活，突破了旧史专述帝王将相等大人物的格局，将历史的叙述引向了普通百姓，这也是历史教科书编写上的一大进步。此外，教科书在叙述某一国家、地区或民族的历史时，往往是从政治、经济、文化等多个方面进行介绍。"罗马"就是一个典型的例子，《复兴教科书初中外国史》的上古史中列有"罗马皇帝入供（贡）匈奴"、"罗马的灭亡"等子目，这些属于政治史的内容；同时列有"建筑和文学"、"罗马文化的起源"等子目，这些属于狭义的文化史范畴，其他的如希腊、安息、突厥等，在对其进行历史叙述时，都有文化等方面的叙述。

但是，由于受到时代的局限，何炳松编撰的历史教科书依然以政治史为主体，这与"综合的研究"标准的要求相比，还存在着一定的差距。如何使何炳松先生提出的"综合研究"标准真正地落实到历史教科书的选材之中，仍需要后人的努力。

1949年以来的一段时间里，我国受到"阶级斗争为纲"思想的影响，历史教科书的内容主要以政治军事史和农民战争史为主。1978年改革开放后教科书虽几经修改，不断减少政治史的内容，逐步加大经济文化史的比重，但至今仍没有摆脱以政治史为中心的色彩。如根据教育部2002年颁布的《全日制普通高级中学历史教学大纲》而编制的人民教育出版社《世界近代现代史》（上册），该书共有5章25节，其中政治史部分有17节，约占总内容的68%；经济史部分有4节，约占总内容的16%；思想文化史部分有4节，只占总内容的16%左右。该比例与70年前何炳松所编制的外国史教科书相当。这一方面说明了何炳松外国史教科书的历史先进性，另一方面也说明我国当前历史教科书的改革需要加快步伐，因为该类历史教科书在我国还在广泛使用。

可喜的是，我国的初中、高中新课程标准已相继出台，据此编制的历史教科书增加了许多政治史以外的历史内容。如，2005年出版的义务教育课程标准实验教科书《世界历史》（华东师大版第二版），该书共有13个单元，49节，其中政治史部分有24

节，经济史部分有9节，思想文化史部分有16节。而高中新课标明确规定，必修课分政治、经济、文化三大学习模块，其中政治部分有9个专题，经济部分有8个专题，文化部分有8个专题。这些扭转了历史教科书重政治、轻经济与文化的倾向，凸显了经济与文化在历史上的地位与作用，使学生在关注人与人关系的同时，重视人与自然、人与文化的关系。而这些恰恰就是何炳松先生"综合研究"思想的精髓所在。目前，虽然新课标初中历史教科书已经广泛使用，但新课标高中历史教科书还只是在小部分地区试行。因此，我们应该尽快地将新课程标准教科书，尤其是高中历史教科书进行推广使用，来代替原有根据教学大纲编制的历史教科书。[1]但同时我们应该注意，新课标历史教科书，尤其是高中历史教科书采用专题的方式编排教材，容易造成政治、经济、文化等历史知识之间的相互独立，使学生难以形成对历史的整体认识。反观何炳松"综合研究"思想，其中要求注意历史知识的"浑沦"的观点值得我们学习。广大历史教育工作者应该在增强各种专题史之间的联系方面对新课标历史教科书展开积极的探索与改革。

三、"民族和文化源流"标准：反对只根据地理空间来划分中外史的范围，主张应该根据民族和文化发展的源流来确定各个国家和民族历史的内容

外国史的范围界定直接关系到外国史教科书内容的选择。在

---

1 张天明.何炳松外国史教科书选材思想的现实启示［J］.中学历史教学，2007（11）.

当时很多史学家眼中，外国史似乎就是世界史减去中国史，中国史和外国史的划分界限以地理位置而定，在中国领土上发生的历史事件就是中国史，不在中国发生的历史事件就是外国史。对此，何炳松并不赞同。他指出，由于"中国是一个大陆国，和四周围的民族和文化都有极复杂极密切的关系"[1]，所以"中外史的界限有很难绝对划清的地方"[2]。如："上古张骞开通西域，第一次使得中国文化和大夏一带的希腊文化接触起来。"[3]这样的情形"我们在外国史上应否亦提到他"[4]？如："上古亚洲北部的黄种人如匈奴、月氏等，当他们还未西迁以前，应属中国史的范围。"又如："上古末造印度的佛教由中亚而东传，中古末造元代蒙古人由北亚而西进，都和中国史有密切的关系。"[5]这些历史事件、历史人物与中国史和外国史都有关联，情形"交互错综"，如果单纯地根据地理空间来划分很难分清，也不科学。何炳松认为，划分中外史的范围"不应仅以地理上的区域为标准，而应以民族和文化的源流为标准"[6]。

何炳松提出"民族和文化的源流"标准是由于受到进化史观的影响。进化史观在19世纪末由严复引入中国，20世纪初，梁启超等人以进化论为武器倡导了"史界革命"，对中国史学产生了振聋发聩的影响，自此之后，进化史观成为许多史家信奉并自觉使用的基本观点。很多学者编撰历史教科书都是以进化史观为指

---

1 何炳松.复兴教科书高中外国史［A］.刘寅生，房鑫亮编.何炳松文集（第五卷）［M］.北京：商务印书馆，1997：235.
2 同上.
3 同上.
4 同上.
5 同上.
6 同上.

导。如：夏曾佑在1904—1906年间撰述完成了《最新中学中国历史教科书》，这部书就是以进化史观为指导，旨在"总以发明今日社会之原为主"[1]。但夏曾佑等人没有运用进化史观更进一步地考虑中国史与外国史之间的界限问题。而何炳松不仅在历史分期上将外国史教科书分为上古史、中古史、近世史、现代史四大时期，充分体现了进化史观，而且在中外史内容的选择方面以进化史观为指导，提出了"民族和文化的源流"标准。何炳松在介绍《复兴教科书高中外国史》时指出，"凡是纯属外国文化演进过程中的事迹当然是本书正当的资料"[2]。"演进"二字正是进化史观的体现。进化史观主张人类的历史是人类文化不断演进的历史。正由于人类文化的演进，导致了一个国家和民族的历史必然存在着一定的文化源流，要完整地了解一个国家和民族的历史，就必须追溯该国家和民族文化发展的渊源。因此，"民族和文化的源流"标准的实质就是要考虑在历史演进过程中不同地区历史的联系性，在选择某一地方历史内容时，应该注意吸收与之有联系的其他地方的历史。

根据"民族和文化的源流"标准，何炳松指出："凡是和中国没有关系的民族和文化，固然是外国史的范围；就是中国史上大有影响于外国民族和文化的事迹，亦应属于外国史的范围。"[3]该思想在何炳松编写的外国史教科书中得到一定程度的体现。《复兴教科书高中外国史》"序言"中提到："且看至于和全世界人类文化有一般关系的事迹，著者的愚见，以为我们应该不分中外，把他们

---

[1] 夏曾佑.中国古代史[M].石家庄：河北教育出版社，2000：凡例.
[2] 何炳松.复兴教科书高中外国史[A].刘寅生，房鑫亮编.何炳松文集（第五卷）[M].北京：商务印书馆，1997：242.
[3] 同上书，1997：235.

一律划入本书的范畴。"[1] 该书中列有"中国的石器时代"、"法显和玄奘辈西游"、"中国蚕桑"、"印刷术和造纸术的西传"、"郑和下西洋"等了目。《复兴教科书初中外国史》也列有"中国佛教的盛行"、"元人的武功"、"元人的建国"等专节。这些内容也属于中国历史的范围，说明何炳松的外国史具有世界史的意味。

"民族和文化的源流"标准主张外国史教科书中应该有中国史的内容，中国史教科书中应该有外国史的内容。而我国目前的世界历史教科书与中国史教科书几乎截然分开。世界历史教科书在选材方面极少提到与之相联系的中国史，这样的世界历史实际上只是纯粹的外国史。这与大力提倡全球史观的时代潮流并不相符，不利于学生对世界历史的全面理解。我国的世界历史教科书不应对中国史大量叙述，以免与中国历史教科书内容过多重复，但极少甚至几乎没有提及中国史内容，势必影响学生对世界历史的整体认识。为改变这一情况，我们可以在世界历史教科书的引言部分或总结部分简要地提到相关的中国史内容，也可以在世界史教科书中提供相应的中国史参考文献和相关网站以方便学生课外阅读。"民族和文化的源流"标准强调历史教科书选材时要考虑到与之有联系的其他地方历史。应该说，该标准不仅仅适用于中外历史内容的划分，而且适用于任何国家和民族历史内容的选择。据此，我们在编写中国历史教科书、乡土史教材、校本教材时，也要将与之有关联的一些历史内容纳入其中，不管此历史内容是否发生在该地域范围内。何炳松提出"民族和文化的源流"

---

1 何炳松.复兴教科书高中外国史[A].刘寅生，房鑫亮编.何炳松文集（第五卷）[M].北京：商务印书馆，1997：242.

标准，并据此进一步指出，"研究中国史而能够注意到外国的背景，研究外国史而能注意到本国的背景，那才是合理的办法。"[1] 这说明何炳松已经意识到教科书中外国史和中国史之间应该相互渗透。但中外历史如何渗透，何炳松只是略略提及，"凡属本国文化演进过程中的事迹（在外国史中）当然除偶然用来作比较外可以绝对不提"[2]。在世界历史教科书中如何巧妙地安排一些必要的中国史内容，在中国历史教科书中如何合理地渗入部分外国史内容，以及如何理性地看待和实行中外史的合编等，都需要我们进一步研究和探讨。

除了以上选材标准之外，何炳松认为，历史教科书选材还应该遵循"详近略远"和"简明切实"的原则。"详近略远"要求历史教科书多选择一些近现代史的内容，以利于学生对现实问题的理解。"简明切实"就是要求历史教科书"一面要'言皆有物'，一面要'纲举目张'"[3]。也就是教科书内容必须简略，但不流于空疏。这必然要求历史教科书所选择的内容具有基础性、典型性，说明何炳松在进行历史教科书选材时已经考虑到了学生的心理因素。这两条选材原则对我们现在的历史教科书编写依然在一定程度上适用。

何炳松选材的"综合的研究"标准、"综合的眼光"标准、"民族和文化的源流"标准都是以一定史学观为基础。可以说，他对于外国史教科书选材所展开的探索，为我们提供了一个史学大家

---

[1] 何炳松.复兴教科书初中外国史（下册）[M].上海：商务印书馆，1946：371.

[2] 何炳松.复兴教科书高中外国史[A].刘寅生，房鑫亮编.何炳松文集（第五卷）[M].北京：商务印书馆，1997：242.

[3] 同上.

将新的史学成果成功引入中学历史教育的典型范例。然而，何炳松先生在历史教科书的选材问题上主要以一定史学思想为指导，很少考虑学生的学习心理，这也是有失偏颇的。相比之下，目前我国历史教科书选材主要以教育理论为指导，较多地考虑学生的心理因素，而对于史学现代化理论、整体史观、心态史学等史学理论较为忽视，则进入了另外一个误区。因为，教科书选材一方面要考虑学科自身的逻辑和观点，另一方面要顾及教科书的心理逻辑，两者之间应把握好一个尺度。何炳松在历史教科书的选材中较为忽视教育理论的指导，我们应引以为戒，但他以新的史学观来指导历史教科书的选材，从历史自身出发探寻历史教科书改革与发展之路，则值得我们学习。我们应该增加新的史学研究成果对世界历史教科书选材的指导作用。

第四节　历史教科书的详略安排

何炳松编译过大学教材《中古欧洲史》《近世欧洲史》，著成《新时代外国史教科书》《复兴教科书高级中学外国史》《复兴教科书初级中学外国史》等中学历史教科书。在长期的理论研究和实践探索中，何炳松对于历史教科书的内容详略处理问题逐步形成了三条基本原则，即"简明而切实"、"详近略远"、"详于世界文化重心"。这些原则对我国当前的历史教科书改革来说具有一定的借鉴价值。

一、"对外"原则：相对于历史著作，历史教科书应"简明而切实"

内容的详略问题是编撰历史教科书中一个极为重要的问题。何炳松在《中古欧洲史》弁言中说道："窃以为学者研究欧洲文化发达史时，时材分配问题最为重要。"[1] 当然这个"时材分配"问题也同样适用于其他教科书的编撰。然而，当时的很多学者对教科书内容详略处理的认识存在着一些问题，"往往以为所谓详就是无所不包，所谓略就是撮其大要。"[2] 这导致了"求详的人竭力做堆砌工夫，求略的人竭力做通概的工作。堆砌的结果往往流于琐碎，通概的结果往往流于空疏。使得读者或感到兴味索然，或觉得模糊影响"。[3] 为此，何炳松认为，编写教科书应尽量做到"简明而切实"。所谓"简明"就是"略而能够不流于空疏"，所谓"切实"就是"详而能够不流于堆砌"。简单地说，"就是一面要'言皆有物'，一面要'纲举目张'。"[4] "简明而切实"是相对历史著作而提出来的编写原则。"简明"反映了何炳松意识到历史教科书与历史著作之间的区别，体现了他在编撰历史教科书中非常关注学生心理等教学因素；"切实"，说明何炳松同时重视历史教科书与历史著作之间的联系，反映了他在减少历史

---

1 何炳松.《中古欧洲史》弁言［A］.刘寅生，房鑫亮编.何炳松文集（第一卷）［M］.北京：商务印书馆，1996：5.
2 何炳松.复兴教科书高中外国史［A］.刘寅生，房鑫亮编.何炳松文集（第五卷）［M］.北京：商务印书馆，1997：241.
3 同上.
4 同上书，1997：242.

叙述的同时，非常注重历史教科书中历史知识体系的完整呈现，[1]尽量避免因为"简"而使历史内容残缺不全，从而影响人们对历史的整体感知和理解。"简明而切实"与我们历史新课程改革中提倡的课程内容选择的基础性、基本性、范例性有着异曲同工之妙。

"简明而切实"的思想体现在何炳松编纂的历史教科书中。如《复兴教科书初中外国史》（上、下册）有42万余字，这与一般的外国史或世界史专业著作相比已经是大大缩减，而《复兴教科书初中外国史》仅仅14万余字。[2]但这两套教科书所呈现的内容依然非常丰富，能够说明历史演进的重要历史事实在历史教科书中都有简要而清楚的叙述。如《初中外国史》就有120节，每节下面有较多的子目，可见内容涉及之广泛，而这些子目的叙述又极为精练概括，历史如何演进在教科书中清楚地呈现出来。[3]当然对于一些特别重要的历史事件，教科书中也给予了较多笔墨。

二、"纵向"原则：对不同发展时期的历史，历史教科书应该"详近略远"

历史浩如烟海，对不同时期的历史该如何选择？这是史书和历史教科书编写都不得不面对的问题。在这方面，何炳松主张"详近略远"。在《近世欧洲史》一书中，他以"篇幅之半专述二百五十

---

[1] 张天明.何炳松历史教育思想研究［D］.金华：浙江师范大学，2005：21.
[2] 同上.
[3] 同上书，2005：22.

年来之现代史"[1]。在其编撰的历史教科书中，古代历史的分量明显少于近现代历史。如《复兴教科书高中外国史》中先史部分的篇幅为一编，上古和中古各为四编，而近世和现代的三百年间竟有六编，其中最近一百年间的世界史则又占六编中的四编，而20世纪以来的三四十年则又占四编中的二编。[2] 何炳松提出"详近略远"，主要是受到一定的历史研究和历史教育的目的观的影响。何炳松指出，"历史为研究人类事实之学，故研究历史者往往为历史而研究历史。"[3] 这导致了旧日之史书大多注意于远古而略于现代，"殊不知博古所以通今，现代之种种习俗和制度无一不可以历史解释之。"[4] "此非为历史而研究历史，实因研究过去方可以了然于现在耳"，而"博古所以通今，研究历史之目的如是而已。"[5] 这就是说历史研究的目的主要是为了"通今"，即"帮助我们明白我们自己的现状"[6]。何炳松进而指出，编辑或讲授历史，"应以说明历史社会状况之进化，使学生明白现代状况如何而来为标准。"[7] 而越近的历史越贴近当前现实，对学生来说更容易理解，因此，历史教科书应该尽量避免"厚古薄今"，更多地选择近现代历史内容。这样既

---

1 何炳松.《近世欧洲史》弁言［A］.刘寅生，房鑫亮编.何炳松文集（第一卷）［M］.北京：商务印书馆，1996：365.
2 何炳松.复兴教科书高中外国史［A］.刘寅生，房鑫亮编.何炳松文集（第五卷）［M］.北京：商务印书馆，1997：244.
3 何炳松.《近世欧洲史》绪论［A］.刘寅生，房鑫亮编.何炳松文集（第一卷）［M］.北京：商务印书馆，1996：381.
4 同上.
5 同上.
6 刘寅生，谢巍，房鑫亮编校.何炳松论文集［C］.北京：商务印书馆，1990：368.
7 刘寅生，房鑫亮编.何炳松文集（第四卷）［M］.北京：商务印书馆，1997：683.

容易让学生明白现状,也容易在无形中去除某些学生"崇古"的习惯和心理。

何炳松所处的历史年代,中国内忧外患,在历史教科书内容中采取"详今略古"的办法,可以让学生牢记近代史上我国受屈辱、受压迫的一段沉痛历史,激发学生的爱国主义情感。但世界历史毕竟源远流长,古代历史内容非常丰富,如果过分强调近现代历史,势必又走向了另一极端。何炳松的《复兴教科书高中外国史》中近现代的内容有六篇,似乎稍微偏重了一些,建议古代部分和近现代部分约各占一半。这样的比例同样适合于中国史内容的安排。

三、"横向"原则:对同时期不同地区的历史,历史教科书应详于"文化重心"

何炳松在历史教科书的选材上提出"综合眼光"标准,即反对"欧洲中心论"和"中国中心论",主张关注世界各地的历史发展。[1] 但是,这并不是说,历史教科书对于每一个地区在每一个历史时期都以同样的篇幅进行叙述。在对历史进行纵向"详近略远"的叙述中,何炳松对具体时期各个地区的详略问题给予了安排,安排的依据是"世界一般文化的演进情形",详于"文化重心",即:在特定的历史时期,哪个地区的文化最为繁荣,是全球的"重心",历史教科书就对此进行详细论述,历史叙述的详略根据不同时期文化重心的转移而转移。如何炳松在《复兴教科书高级中学外

---

[1] 张天明,赵海红.何炳松历史教科书选材思想探析[J].内蒙古师范大学学报(教科版),2007(8).

国史》的序言中提到:"对于上古文化十五世纪时的亚洲民族活动史,加以较详的叙述,无论他们的内治和外交,都较寻常西洋人所谓世界史为详。""自从十六世纪以后,上古以来亚洲民族向西移动的潮流,因有地理上的发见,一变而为欧洲民族四出活动渐成独霸的局面,而亚洲各文明民族,反一变而为受人压迫,或文化落后的国家。"[1] 因此,教科书对于十六世纪以来的世界史,"不能不为篇幅关系,减去亚洲各国内部的情形,而加详欧洲各国侵略此种民族和此种民族抵抗此种侵略的经过。"[2] 简而言之就是,上古和中古的文化重心多在亚洲,所以详述亚洲,十六世纪以来的世界文化重心大部在欧洲,就详述欧洲。根据世界人类文化演进的方向不同分配该书关于亚欧两洲历史的详略。

在此,何炳松所指的"文化"是个广义的概念,相当于今日人类文明的综合体。"文化重心"即最为发达先进的地区。详于"文化重心"这样的安排相对于单纯的"欧洲中心论"来说,是个较大进步,它加强了对亚洲、非洲等地区的历史叙述,将"文化"作为标杆,在历史的长河中给予了这些地区以机会比较均等的展示权利。但是,这同时也会导致我们对非重心地区的忽视。随着人类社会的飞速发展,科技的负面作用日益显露,一些相对落后地区和民族的风俗习惯、传统工艺、生活方式也许恰恰是发达地区需要学习的地方,如此,本来基于社会进步发展价值出发而形成的详于"文化重心"的历史叙述原则是不是也应该发生一些变化?

"简明而切实"、"详近略远"、"详于文化重心"是从三

---

[1] 何炳松.复兴教科书高中外国史[A].刘寅生,房鑫亮编.何炳松文集(第五卷)[M].北京:商务印书馆,1997:241—242.
[2] 同上书,1997:242—244.

个不同维度出发规定的历史教科书详略安排的基本原则,这三个原则是相互统一的。"简明而切实"主要规定了历史教科书在叙述字数方面的整体规模应小于历史著作,而历史内容精华却需要保持。为做到这一点,必须对历史教科书的不同时期历史和不同地区的历史叙述进行规定,"详近略远"原则和"详于文化重心"的原则恰恰解决了这两个问题。"简明而切实"主要是考虑到学生的学习心理,而"详近略远"、"详于文化重心"两者则主要是基于进化总体史学观的考量。因此,历史教科书内容详略安排上的三原则体现出何炳松从史学和教育学的两大源头汲取养料以发展历史教育的自觉意识。当然,何炳松在该方面的探索依然存在一些问题,如这些原则如何进一步实施?政治、经济、文化、宗教、教育等不同历史因素之间的详略如何合理安排?文字叙述和图片呈现之间的详略该把握怎样的尺度?这些都需要我们展开进一步探讨。

第五节　历史教科书的呈现方式

一、历史教科书的体例:章节体的通史体例

体例有广义和狭义两种含义。广义的体例包括体裁和狭义的体例(又称类例、凡例或笔法)。历史体裁是指各类史书或历史教科书所采取的不同编著形式。根据叙述的形式不同可划分为编年体、纪传体、纪事本末体、典章体、学案体、章节体等几种;根据历史内容的范围不同,历史体裁有通史体、断代史体、专门史体、专题

史体等几种。何炳松编撰中学历史教科书采用的是章节体和通史体相结合的体例，即章节体的通史体。

体例上的改进服从和服务于内容发展的需要。何炳松史学思想的核心是进化总体史观，该史观注重横向贯通、纵向联系及两者相互结合，实际上就是不同角度的"通"。在论著中，何炳松多次提到历史应该重"通"。如《通史新义·自序》中提到，"吾辈研究历史，志在求通"。[1]《浙东学派溯源》也强调，"著作特点，贵能贯通。"[2] 这种重"通"的思想使得何炳松对通史非常崇尚。在《章学诚史学管窥》中，何炳松指出，"章氏之意盖以为一部《二十四史》，浩如烟海，应另作别录二十四篇以提其纲。此非吾人望眼欲穿之中国通史耶？"[3] 因此，他主张以通史体例编撰历史教科书。《复兴教科书高中外国史》虽没有时期的划分，却有篇章的概括，该书由14篇构成，这14篇的标题内容就已经较为清楚地呈现了人类的演进基本情形。《复兴教科书初中外国史》这种通史体例就更为完整。该书以人类的演进为主线，将人类从古至今历史分为上古史、中古史、近世史、现代史四大时期。叙述了各个时期的重要历史事件，包括政治、经济、教育、学术、宗教等相互联系的各个方面，在这样纵向贯通、横向联系的交织中，历史演进的基本脉络清楚呈现。由此可见，无论是《复兴教科书初中外国史》还是《复兴教科书高中外国史》的体例安排，"通"字皆贯其中，体现了鲜明的通史特色。

---

1 何炳松.通史新义·自序［A］.刘寅生，谢巍，何淑馨编.何炳松纪念文集［C］.上海：华东师范大学出版社，1990：12.
2 何炳松.浙东学派溯源［A］.刘寅生，房鑫亮编.何炳松文集（第四卷）［M］.北京：商务印书馆，1997：308.
3 何炳松.章学诚史学管窥［A］.刘寅生.谢巍，房鑫亮编校.何炳松论文集［C］.北京：商务印书馆，1990：118.

通史有多种类型，有编年体通史、纪传体通史等，何炳松编著的历史教科书是章节体的通史。章节体是相对于编年体、纪传体等而言的历史编述形式，以章、节、目等编排构成历史著述或历史教科书的框架。它源于西方，自夏曾佑编撰《中国历史教科书》以后，我国的历史教科书的体裁基本上沿袭这一种形式。何炳松编著通史历史教科书采用的体裁也是章节体，但这些章节体在不同层次的教科书中表现出不同风格。《复兴教科书高中外国史》是以"编、章、节、目"进行编排；《复兴教科书初中外国史》在四大时期加上总论这五大部分下面，进一步编排了"章、节、目"。

历史著作和历史教科书都可采用章节体的通史体例，但何炳松注意到了二者的区别。历史著作中的每节内容是根据学科体系建立起来的，有些内容相差很大，而何炳松编著的历史教科书的每节内容都大致相当，证明何炳松已经注意从教学的角度来考虑教科书的编写问题，这在《复兴教科书初级中学外国史》编辑大意中得到印证："本书约共一百二十节，希望教师于每学期大约授课四十小时计，则每小时可以教完两节为度，约费三十小时……此种教科书分配，对于初中高年级学生，分量似尚相当。"[1] 在一定的时间内完成一定量的历史教学任务，教科书的每节内容安排必须要根据教学的单位时间而定，必须要考虑到学生的接受能力。当时许多人编写历史教科书只是对历史著作的简单加工，每"节"的内容轻重不一。而何炳松意识到历史教科书与历史著作之间"节"的不同，并且在不损害内容完整叙述的前提下，能够将每"节"内容较好地保持在一定变动的幅度内，这确实是一个了不起的进步。

---

1 刘寅生，房鑫亮编.何炳松文集（第五卷）[M].北京：商务印书馆，1997：3.

二、历史教科书的结构：内容丰富，结构严谨

历史教科书由课文系统和课文辅助系统有机组成。当前历史教科书的课文系统一般由基本文、绪论文、补充文、史料文等形式构成。何炳松编写的《复兴教科书初级中学外国史》除了基本文之外，还有总结文，总结文即各种"总论"。该教材在各时期（上古、中古、近世、现代）历史叙述的末尾，都专门列出一个该时期的"总论"，这些总论是对这一时期历史的总结，有利于学生掌握该时期历史的发展脉络。教科书的最后一章，即第二十八章是"总论"，该总论由三节组成，"本国史与外国史的关系"，呈现给学生以基本史学知识；"中外文化的比较"，激发学生的民族自豪感；"中国民族的责任"，让学生明白现状，以救国为己任。由此可见，最后一章"总论"主要是为了突显历史教育的目的，让学生通过外国史的学习，培养学生的历史智慧，帮助学生明白中国的现状，激发学生的爱国情感。

何炳松编写的历史教科书的课文辅助系统主要由序言（编辑大意）、目录、课文图表、课后习题等组成。其中，序言（编辑大意）较富特色。《复兴教科书初级中学外国史》编辑大意涉及历史内容的详略安排、该书的取材出处、地图和插图的来源、课时分配等内容。《复兴教科书高级中学外国史》序言则从历史教科书的主要史学观、选材、编排到历史教科书的材料、图画来源，再到编写依据、课时分配，乃至于专用词的汉译出处等都有一定的介绍和说明。内容如此丰富的序言（编辑大意）在当时历史教科书中鲜而有之，它为后人历史教科书的写序（前言、编辑大意等）提供了样板，对我们当前的历史教科书编写来说也不无裨益。

三、历史教科书的语言叙述：生动形象，明白确切

清代史学家章学诚说过："史之赖于文也，犹衣之需乎采，食之需于味也。"[1] 这道出了语言在历史叙述中的重要性。深受章学诚思想影响的何炳松先生也特别重视历史教科书中的语言表达。他主张历史教科书叙述要生动形象，因为"教授历史最重要的一点就是要使过去能够'活现'起来"。[2] 教科书是教学的基本依据，其语言风格会对教学造成相应的影响。这种生动形象，不仅仅是语言本身的形象，还应包括历史事件情节的细致入微，"多加一点详情（注重细节），少用几个空泛的形容词，往往可以使一件事情或一种运动说得格外活现"。如《复兴教科书高级中学外国史》（上册）中就有这样的描述，"当时怀疑派中的领袖是一个贫苦的雅典人，名叫苏格拉底，自从第二次伯罗奔尼撒战争以来，他那丑恶的面貌和褴褛的衣服，在雅典街上早已无人不知。他喜欢全天徘徊于市场热闹的地方，随便和路上人谈话，向他们提出许多难以回答的问题。他的谈话往往弄得听者满腹疑团，心绪大乱……"[3]，"他平时常常向大众演说一般国民所受的苦痛，淋漓尽致，听者为之动容。他说：'你们战死了，徒然使别人发财享福。别人称你们为世界的主

---

1 （清）章学诚著，叶瑛校注.文史通义校注·史德［M］.北京：中华书局，2004：221.
2 何炳松.历史教授法［A］.刘寅生，谢巍，房鑫亮编校.何炳松论文集［C］.北京：商务印书馆，1990：373.
3 何炳松.复兴教科书高中外国史［A］.刘寅生，房鑫亮编.何炳松文集（第五卷）［M］.北京：商务印书馆，1997：319.

人，实际上你们却没有立锥之地！'"[1] 这样的例子不胜枚举，编者就像一个具有技艺高超的说书人，惟妙惟肖地将历史故事娓娓道来。

虽然何炳松主张历史教科书语言叙述应该生动形象，但他更强调历史教科书应符合历史的真实性原则，"一种教科书，不论他属哪一种，总以明白确切为贵"，"切不可专以激起兴趣为主，失掉历史的真面目才是"。[2] 为使教科书"明白确切"，何炳松所编撰的历史教科书采取如下措施：第一，采用了白话文体。相对于文言文来说，白话文通俗易懂，更能确切地表达历史的各种概念和历史发展的来龙去脉。自吕思勉第一个采用白话文编写历史教科书（《白话本国史》1923年出版）以后，人们编写历史教科书基本采用白话文。何炳松顺应了时代潮流，教科书也采用了白话文。第二，语言上简明切实。何炳松认为，编写教科书应尽量做到"简明而切实"。所谓"简明"就是"略而能够不流于空疏"，所谓"切实"就是"详而能够不流于堆砌"。[3] 这是对教科书详略的规定，又是对教科书语言的要求。何炳松编写历史教科书头绪清楚，用词准确，文字简明扼要，内容前后连贯。

历史教科书的语言既要生动形象，又要明白确切，体现了艺术性和科学性的结合。该观点在当代历史教科书编撰中依然是必须坚持的原则性问题。当今著名史学家齐世荣老先生强调历史教科书编

---

1 何炳松.复兴教科书初中外国史［A］.刘寅生，房鑫亮编.何炳松文集（第五卷）［M］.北京：商务印书馆，1997：356.
2 何炳松.历史教授法［A］.刘寅生，谢巍，房鑫亮编校.何炳松论文集［C］.北京：商务印书馆，1990：373.
3 刘寅生，房鑫亮编.何炳松文集（第五卷）［M］.北京：商务印书馆，1997：242.

写的文字表达应该准确、简要明了和生动感人。[1] 这与何炳松先生的观点似乎不谋而合，也反映出何炳松先生具有前瞻性视野。

四、历史教科书的图像系统：图表众多，文图契合

美国心理学家布鲁纳在《教育过程》中提到："学习的最好刺激，乃是对所学材料的兴趣。"[2] 中学生对生动、具体、直观和形象的东西比文字更容易接受和产生兴趣，他们对历史图片的接受远远大于文字。由于历史具有过去性和不可再现性的特点，在历史教学的过程中，更需要利用有直观性、形象性和鲜明性等特点的历史图片，通过表象、感觉、知觉等心理活动，在大脑中还原历史的本来面目，建立对历史的认识，从而培养学生的形象思维能力，最终达到解决问题的目的。另外，通过直观的历史图片教学，可以培养学生的观察和分析能力。

何炳松编撰的《新时代外国史教科书》运用了大量图画、地图、表格，并且将他们与一定的叙述文字紧密结合。何炳松非常注重图画、图表在历史教科书中的作用，他说，"若没有一部好图，教科书如失左右臂一般。"[3] 因此他在其编写的教科书中安排了大量的图画、图表、表格。1929年版《新时代外国史教科书》（上册）共452页有322幅，1934年版《复兴教科书高中外国史》（上册）共468页有206幅，《复兴教科书高中外国史》（下册）共418页有91

---

1 齐世荣.略谈中学历史教材编写方法的几个原则［J］.课程·教材·教法，2010（6）.

2 转引自：周学勤.基于职业情境的中职教学内容的有效重构［J］.教学月刊（中学版），2013（4）：70—71.

3 何炳松.新时代外国史教科书［M］.上海：商务印书馆1929：2.

幅，1937年版《复兴教科书初中外国史》（上下册）共372页141幅（上册91幅、下册50幅）。这些图画、图表的内容非常丰富，鲜活地反映了历史的方方面面，如《复兴教科书高中外国史》（上册）中就有：想象中的星云、面断的层面、前古代之生物、想象中的猿人、古石器时代之石器、用雅利安语之民族分布图、西方文明之发祥地、木乃伊的头、埃及金字塔、征粮的官吏和欠粮的农民被拘、埃及帝国、埃及人的战车、文字、汉谟拉比法典、亚述皇宫、古印度婆罗门阶级、马雅自一至十二的字数等等。

当然，何炳松并不赞成教科书中图画、图表越多越好，其最先编写的《新时代外国史教科书》中图画、图表最多，而后两套教科书有所减少，这就是一个明证。何炳松认为，图表、图画运用得恰当与否关键要看图文结合的紧密程度，关键要看图表、图画能否与课文中相应的文字相互说明，能否更为生动形象地表达历史。"至于地图、图画等，我们应该问：选择的标准是什么？同课本有没有密切的关系？"[1]就以上所提到的图画、图表来说，基本上都能与课文的文字叙述紧密结合，如教科书叙述到"大金字塔"这一子目时，就叙述的文字旁边安插了金字塔的图画，从直观上加深了学生对金字塔的认识。何炳松就是这样将历史的叙述紧密地配之以一幅幅鲜活的画面，图文并茂地呈现出历史的真真切切。

一本装帧精致、图文并茂的教科书能给人以美的享受，激发学生的兴趣和求知欲，还有利于培养他们感受美和鉴赏美的能力。何炳松编撰的《复兴教科书初中外国史》教科书，结合了中学生的心理和年龄特征，编排新颖、图文并茂，大大增强了历史的实感性，适

---

1 何炳松.历史教授法［A］.刘寅生，谢巍，房鑫亮编校.何炳松论文集［C］.北京：商务印书馆，1990：373.

合中学生的学习特征。对教科书图文并茂的设计,不仅培养了学生的阅读兴趣,而且便于他们对历史事件、历史人物的深入理解。在这一点上,当代教科书的编撰若能吸收何炳松编撰《复兴教科书初中外国史》的优点,教师的教学效果和学生掌握知识的效率定能事半功倍。此外,何炳松所编写的历史教科书对于特殊的人名和地名以着重符号予以标示,这样会引起师生的注意,使之清楚地了解到这是专有名词;对于外国的人名和地名注明相应的外文单词,这便于师生阅读其他教科书时能够相互参照,避免由于翻译的不同而引起理解上的错误和混乱;对于历史教科书中各种图片、文字史料的出处、专用词的翻译出处都予以详细标注,体现了何炳松一丝不苟的求实精神。所有这些都值得我们当今的历史教科书编写者学习和借鉴。

第六节 历史教科书和参考书的选择

历史教科书、参考书的选择和使用是历史教学的重要环节,何炳松对此也有自己的一些看法。

一、历史教科书的选择

何炳松认为历史教学的资源不限于历史教科书,这是他的理想,但现实却是那样的不尽如人意,他感叹道,"教科书原来不过是历史教学的帮助。但是现在我国学校教师对教科书看得很重,差不多当成独一无二的工具。在欧洲方面,小学校里的历史功课,几乎完全用口授的方法。至于我国差不多自从开始讲授历史起到了中学毕业为止，所谓历史课程就是教科书，所谓历史的讲授就是教科书的讨论。"感叹中透出无奈，但也正由于这种无奈，反而使何炳松在正视现实中更加重视历史教科书的编号。在《历史教授法》一文中，何炳松以务实的态度对历史教科书的如何选择进行了积极的探讨。其探讨的成果主要有：

第一，选择历史教科书要考虑到教学的实际情况。他说，普通历史教科书可以分作三类：大纲、较详的便览、详尽的课本，而每种历史教科书"各有各的长处，各有各的用途。他们的好不好，看我们如何去使用他们而定，我们不能说那（哪）一类为最好"[1]。何炳松看到了历史教科书与教学具体情况的不可分离的关系，教科书各有特点，选择的关键是看它与具体教学情况的契合程度。

第二，选择历史教科书要考虑到历史教科书自身的各个方面。何炳松认为不同的历史教科书各有长处，并不是说历史教科书没有一定的好坏标准，而是由于教科书包括很多具体的方面，有的教科书这一方面较好，而有的教科书在另一方面见长，这就使得不同教科书各有所长、各有所短。何炳松指出评价历史教科书的各种标准，他说"一种教科书，不论他（它）属哪一种，总以明白确切为贵。所以我们要选择一本教科书，第一步就是看他（它）是否明白而确切"[2]。同时也指出"至于教科书的文字，应该简明整洁，不过切不可专以激起兴趣为主，失掉历史的真面目才是。"[3] 此外他还提到，"要研究书中的观察点是什么，所附的地图、图画等好不

---

1 何炳松.历史教授法［A］.刘寅生，谢巍，房鑫亮编校.何炳松论文集［C］.北京：商务印书馆，1990：369.
2 同上.
3 同上书，1990：370.

好，所附的参考书是否适当，所附的问题或大纲之类是否有用，目录好否，文字如何等等。"并对这些方面，"至于地图、图画等等，我们应该问：选择的标准是什么？同课本有没有密切的关系？这类材料的来源是什么？""有许多目录，单是各章的题目。我们实在应该附各种节题同段题，使教者、读者可以当作一种表解用。"[1]

第三，选择历史教科书要考虑到著书者和选择者自己。"试验教科书是否真确，第一要明白著书的人是谁。他是否有著书的经验同资格？著书人的观点往往不同，有的善详述上古史，有的偏爱政治史，有的多述美术史。"[2] 何炳松认为历史教科书的选择不但要考虑到著书者，同时还要考虑到选择者自己，"这要看教师自己的主见如何，再去择定最适当的本子。"[3]

当前我国教科书编写体制已发生变化，各种历史教科书陆续出现，随着教材编写权的放开，教科书的选用权也将逐步下放。如何选择历史教科书将成为人们不得不面对的重要问题。而何炳松有关历史教科书选择的这些见解，也将穿过历史的隧道，带给人们一些新的启发。

二、历史参考书的选择

中学历史教学参考书属于教师用书，是与历史教科书相配套的一种教材，主要是供教师在备课时使用，为教师分析和掌握历史教

---

1 何炳松.历史教授法［A］.刘寅生，谢巍，房鑫亮编校.何炳松论文集［C］.北京：商务印书馆，1990：369.
2 同上，1990：373.
3 同上，1990：370.

科书的要求与内容提供资料与建议。[1]何炳松在探讨历史教科书的选择时，对参考书的如何选择进行了详细阐述。综其所说，参考书的选择应注意如下：

首先，要根据不同的目的选择不同的参考书目。何炳松认为，参考书的选择"要以我们的目的做标准"。他提到了参考书五大目的：第一为"活现"过去。"这类参考书不必强迫学生去记得他们，只要使他们得一种印象就够了。"[2]第二为补充材料。"我们对于这类参考书应该看作同教科书本身一样，总以能够受得起我们的解剖同提纲为主。"第三为激起兴味。"这类参考书要以能够激起学生读书的兴味为主。不必加以解剖或记忆。"第四为涉猎历史的名著。"我们对于这种参考书要注重他们的本身同著作者，著作者的史识同目的，他的材料同偏见。"第五为说明历史研究法。"这类参考书以使学生明白研究历史的方法为主。如搜集史材、辨别史材、批评史材同组织史材这四个步骤，统可以简明地提出来，使学生领会史材真确程度的不同，选择同组织史材方法的各异，以及目录、索引、书目等等之有助于历史的研究。"[3]

其次，参考书的选择"不能不顾到教科书的性质"，也就是要将参考书与历史教科书紧密结合起来，使参考书更好地发挥辅助历史教科书的作用。他认为有的教科书"几乎处处统有补充的必要"，而有的教科书"仅用一两类参考书进行补充就够了"。[4]而对于参考书如何与教科书结合，何炳松提到一点，"现在我国历

---

1 于友西主编.中学历史教学法[M].北京：高等教育出版社，2003：81.
2 何炳松.复兴教科书高中外国史[A].刘寅生，房鑫亮编.何炳松文集（第五卷）[M].北京：商务印书馆，1997：235.
3 何炳松.历史教授法[A].刘寅生，谢巍，房鑫亮编校.何炳松论文集[C].北京：商务印书馆，1990：367—377.
4 同上书，1990：377.

史教科书附有参考书目的很少，假使将来能够统附有参考书目，那末（么）我以为应该附有同书中某事有关的特种著作，注明版本、卷数同页数"。

最后，历史参考书"要以简要易得为主"。当时有些教科书后面列有一大篇的参考书目，何炳松一针见血地指出"著者目的无非自炫渊博"。他认为如此之多的参考书"不但学生没有读他们的能力同余暇，恐怕著者自己对于所举的参考书，亦不见得完全读过"。[1] 同时他还提到，"所附的书是普通图书馆中能备的"，"关于这一点，普通经费不足的中小学图书馆亦要注意。备一部大而无当的贵重书，不如备几种轻而易举的良著作的好。"因此，"参考书要以简要易得为主。"[2] 这就说明，何炳松已经认识到参考书的选择应该考虑到学生的心理接受能力和学校的具体情况。

---

1 何炳松.历史教授法［A］.刘寅生，谢巍，房鑫亮编校.何炳松论文集［C］.北京：商务印书馆，1990：377.
2 同上.

第五章　何炳松历史教学思想

何炳松曾担任北大、北高师等大学历史教师，在执掌浙江第一师范学校期间也兼任过中学历史教师。在历史教学实践的同时，何炳松对历史教学也展开了积极的理论研究，1925年发表的《历史教授法》一文就是其历史教学理论研究方面的力作。正是在这样长期的理论研究和实践探索中，何炳松逐步形成了自己独特的历史教学思想。其历史教学思想涉及历史教学的全过程，主要有历史教学的目的、历史教学的根本原则、历史教学资源、历史教学的入手途径、历史比较教学法、历史动的教学法、历史考试等方面，应该说，何炳松的历史教学思想是全面而系统的。"帮助明白现状"的历史教学目的是何炳松历史教育目的观的重要组成部分。由于在历史教育目的观内有所论述，故在此不再赘述。

第一节　历史教学的根本原则

何炳松在历史教学探索上最重要的成果之一就是提出了"活现过去"的教学思想。众所皆知，历史具有不可复返的特性，这导致学习者对历史存在的认识模糊，以及对抽象历史的难以理解。正由于此，何炳松强调"活现过去"教学法在历史教学中的重要作用。他指出，"教授历史无论走那（哪）一条路，无论用那（哪）一个方法，根本上最重要的一点，就是要使得过去能够'活现'出来。"[1]如何活现过去？何炳松对此进行了较为深入的探讨。这些探讨对我们现在的历史教学来说具有一定的借鉴意义。

一、"亲临其境"，真切地感知历史

何炳松认为，活现过去的方法很多，其中，"最好而且最简单的，当然是'亲临其境'。"[2]"亲临其境"也就是组织学生参观考察历史遗址、遗迹，欣赏历史文物，让学生在真实的历史场景之中，感受着曾经发生的一切……这符合历史教育规律。曾经发生过的历史在现存状态下是不在场的，人们不可能接触到历史对象，直接感知历史事件的发生发展。但是，历史通过文物、遗迹、遗址等形式间接地延续下来。当代人只有从这些延续性中去感受和思考历史，时间的距离才会渐渐消失。因此，亲临遗迹、遗址是理解历史的重要途径。何炳松虽然没有对"亲临其境"的重要作用进行直接阐释和说明，但是在那个年代就能指出它是"最好而且最简单的"活现历史的方法，这已经难能可贵。

何炳松指出"亲临其境"的方法是完全可行的，因为"各地方

---

[1] 何炳松.历史教授法［A］.刘寅生，谢巍，房鑫亮编校.何炳松论文集［C］.北京：商务印书馆，1990：371.
[2] 同上.

不一定统是历史上名胜之区，但是各地方统各有他的历史"[1]。他认为，教历史的人，应该利用本地方的石碑、古代建筑等遗迹遗址及地方风土志去帮助学生明白本地的历史，进而明白其他各地方的历史。显然，何炳松已经意识到在地理位置上由近及远学习历史的认知规律，意识到乡土史在历史教学中的重要作用。

何炳松还指出，参观历史博物馆也是"亲临其境"的好方法。"好的博物馆应该将所有古物依年代的次序陈列起来，而且应该将有用的古物供给学校教师讲授之用。"[2]这为当前博物馆和学校开展有益的合作提供了思路。

另外，何炳松认为学校中的修学旅行，领学生到历史上名胜的区域去游览一番，亦是一个很好的方法。"这种旅行不但于历史上、地理上、博物学上统有利益，就是于卫生同团体生活上亦大有关系。"[3]

由此可见，采用"亲临其境"有利于"活现"历史，它将历史教材和历史教学资源的内涵扩大到历史教科书之外，将历史教学活动由课内引向课外，由校内引向校外，使得历史学习与参观旅游等日常生活紧密相连，既有利于学生真切地感知历史和理解历史，也有利于学生吸取地理等其他学科知识及思想情操的陶冶。

二、运用"种种人为的东西"，直观地说明历史

虽然"亲临其境"是最好而且最简单的"活现过去"教学方

---

[1] 何炳松.历史教授法［A］.刘寅生，谢巍，房鑫亮编校.何炳松论文集［C］.北京：商务印书馆，1990：371.
[2] 同上.
[3] 同上.

法，但容易受到各种条件的限制，因此，何炳松主张利用模型、图画、图表等"种种人为的东西"来"活现"历史。他认为，历史模型好处有二："第一能够实在代表古物的形状"[1]，能够给学生以直观形象；"第二便于应用"[2]，使用起来方便，因此，教学中可以尽量使用。对于历史图画、图表，何炳松极为重视。他认为，"若没有一部好图，教科书如失左右臂一般。"[3] 其所编的教科书中安排了大量的图画、图表、表格。如1934年版的《复兴高中外国史》（上册）共468页有206幅，《复兴高中外国史》（下册）共418页有91幅。[4] 教科书是教学的依据，教科书的内容选择也一定程度上体现出何炳松教学上的倾向。

何炳松所说的"种种人为的东西"就是现在我们所说的直观教具。运用直观教具可以部分消解历史叙述偏理论化所带来的历史教学上的枯燥，激发学生的学习兴趣，容易使学生在形象的感知中更加深入地理解历史。

但需要指出的是，何炳松在强调"种种人为的东西"重要作用的同时，也客观地认识到它们的不足。如："图画有二处不及模型的好：第一他是抽象的，第二仅有一面的。""但不过模型太小，流于玩物，就无用了。"[5] 这说明了各种"人为的东西"各有所长。因此，何炳松主张教学中应该充分注意到这些教具的优缺点，扬长

---

[1] 何炳松.历史教授法［A］.刘寅生，谢巍，房鑫亮编校.何炳松论文集［C］.北京：商务印书馆，1990：371.

[2] 同上.

[3] 何炳松.新时代外国史教科书［M］.北京：商务印书馆，1929：自序.

[4] 张天明.何炳松历史教育思想研究［D］.金华：浙江师范大学，硕士论文，2005.

[5] 何炳松.历史教授法.刘寅生，谢巍，房鑫亮编校.何炳松论文集［C］.北京：商务印书馆，1990：371.

避短。如：对于地图及图表，"应以简单明了，使学生能够一目了然为主。"[1]

此外，他指出当时我国图画运用中存在的不足："图画往往不能同书中本文发生密切的关系，而且不加以详细的说明。"同时，呼吁国人向西方学习："现在德、法诸国所制的墙上挂图，比较很好。我国能够有专门家将我中国史挂图好好仿造起来，一定可以大大帮助历史的教授。"[2] 这是爱国情感和世界视野相结合的又一典型范例。

何炳松所处的年代决定了"种种人为的东西"只能是实物、模型、图片等传统教具，但其利用"种种人为的东西"进行历史教学的思想在当今依然适用。为"活现"历史，我们应该利用先进的科学技术和教育理念创造出更多更好的"种种人为的东西"，并在教学中优化运用。这也是继承和发扬何先生"种种人为的东西"教学思想的最好方式。

三、"设身处地"，换位般体验历史

何炳松还提到了以"设身处地"的方式来"活现过去"。他在《历史教授法》中指出，"令学生设身处地的代表古人作书札，或报告某件过去的事情，亦是很好的方法。"[3] "又如令学生设身处地的代表古人去做日记，将某件过去的事情一天一天记载下来。"还有一种方法，"就是将古代名人所说的话，记得了重新演讲出

---

[1] 何炳松.历史教授法.刘寅生，谢巍，房鑫亮编校.何炳松论文集[C].北京：商务印书馆，1990：371.
[2] 同上书，1990：371—372.
[3] 同上书，1990：372.

来。"¹ 另外，可以利用历史小说和咏史诗来"活现"历史。

何炳松还非常重视编演历史戏剧对历史教学的重要作用。何炳松本人就是一个昆剧爱好者，他还与英国人乐维斯合著过《中国诗词及昆曲谱》一书，也许正是在欣赏和研究戏剧的过程中，何炳松从中获得了编演历史剧的启发。何炳松后来还将这种方法运用到教学和生活的多个方面。如抗战时期他非常关怀与支持暨南大学的戏剧活动，"不仅因为在抗战时期它能坚定师生抗日必胜的信心，能唤起民众积极抗日的爱国良心；而且因为他向来认为戏剧也是一种教育。"² 在历史教学上，他也主张编演历史戏剧，这样可以"使学生对于古人的礼节同服装得到一种真确的观念"³。不管是代表古人作书札日记、演讲古人话语，还是编演历史剧，都是为了建立起历史的情境，让学生"设身处地"地站在古人的角度和立场去感知历史和理解历史。在表演的过程中，学生揣摩古人的衣着、言语、行为，甚至微笑、眼神，体验古人当时的情感和思想，进而理解古人在当时历史情境中的所作所为，以及由于该历史人物的存在而带来的历史变迁和社会发展……通过这种"设身处地"，学生的历史思维和历史想象得以放飞，历史逐渐鲜活起来，简单起来，清晰起来，由此，历史变得易于理解。同时，学生学习历史的兴趣逐步得到增强，其思维能力、想象能力、语言能力、心理素质、表演才能也受到了较好

---

1 何炳松.历史教授法［A］.刘寅生，谢巍，房鑫亮编校.何炳松论文集［C］.北京：商务印书馆，1990：372.
2 高宗靖.何炳松校长与暨南剧社［A］.刘寅生，谢巍.何炳松纪念文集［C］.上海：华东师范大学出版社，1990：342.
3 何炳松.历史教授法［A］.刘寅生，谢巍，房鑫亮编校.何炳松论文集［C］.北京：商务印书馆，1990：372.

的锻炼。

四、利用"教师口头的说明",生动地描绘历史

虽然,"活现历史"方法有多种,但在何炳松看来,"最重要的还是教师口头的说明。"[1] "要使模型、图画、地图等同过去的事情或生活发生关系,还是要靠教师的口讲。"[2] 也就是说,即使是直观教具,还必须通过教师生动形象的讲述,才能起到"活现过去"的作用,更不用说教科书等文字材料。这强调了教师直观语言在历史教学中的至关重要性,从另外一个角度也反映了何炳松对历史教师素质的一大要求。当前,随着科学技术的日新月异,现代化的教具越来越多,也越来越先进。这些现代化教具,有的具有非常好的直观效果,但是,无论这些教具怎样先进,也不可能完全取代师生之间面对面的交流,而中学历史教材书面语言一定的抽象概括性也要求必须有教师生动形象的讲解才能达到良好的教学效果。然而,我们目前存在着过于重视多媒体教学和网络教学的现象,一些历史教师认为只要历史课件设计好,教师讲述得好坏与否都无足轻重。显然,何炳松强调"教师口头说明"的思想对我们现在历史教师继续加强语言表达的训练具有重要的现实警示和指导意义。

在强调"教师口头的说明"重要性的同时,何炳松也意识到它的不足。他说:"教师的口讲,是历史教授法上最重要的一部

---

1 何炳松.历史教授法[A].刘寅生,谢巍,房鑫亮编校.何炳松论文集[C].北京:商务印书馆,1990:372.
2 同上.

分，亦是最困难的一部分。"[1]因为，"口讲的东西往往不免模糊影响，而且随便使用空泛的形容词，使学生听了，莫明（名）其妙。"[2]这就是说，口头描绘历史还不够形象，学生往往难以产生真确的历史概念和历史印象，如果再加上描绘词语不够恰当，会使学生更加不知所云。因此，"应该预备详尽的资料为说明之用。"[3]教师的语言描述必须以充足的资料为依托，体现"论由史出"的原则，说明更加直观具体的数据、史料在历史教学中的重要作用。

由上可知，何炳松希望通过让学生"亲临其境"，"设身处地"，利用"种种人为的东西"，通过生动形象的"教师口头说明"等方法来"活现过去"。这些方法实施的主要目的是：让死寂的历史鲜活起来，以便于学生感知和进一步理解。其中所包含的共同路径是：创造或选择恰当的历史情境，刺激学生感官，激发学生兴趣，让学生对历史的认识从感性自然而然地上升到理性，从而全面客观地把握历史和理解历史。这也是"活现过去"的精髓所在。它既符合人的由感性到理性的认知发展规律，也弥补了历史不可逆转的自身特性的不足。因此，这非常有利于历史教学活动的开展。何炳松就曾言，教师如果运用"活现过去"的方法帮助他自己和他的学生，那么可以使他自己同学生"所得的成绩一定要比旧式教法所得的多"。这值得当前我们历史教育工作者认真体味和学习。

---

1 何炳松.历史教授法［A］.刘寅生，谢巍，房鑫亮编校.何炳松论文集［C］.北京：商务印书馆，1990：372.
2 同上.
3 同上.

第二节 历史教学的入手途径

何炳松认为历史教学有两条基本途径："第一个就是从个人的传记入手,第二个是从社会的全体入手。"[1]这两条路应该走哪一条?为回答这一问题,何炳松对这两条途径进行了剖析。

对于第一条途径,即从个人传记入手,何炳松给予了一定肯定,理由是："第一,因为个人的传记比较简单,儿童便于领会。第二,儿童对个人有天然的兴趣与同情。第三,知道了古代的好人同坏人,可以生出好善憎恶的心。第四,用个人去代表社会,研究个人的特性,无异研究社会的特性。"[2]这也是从个人传记入手进行历史教学的优点所在。何炳松同时指出该条入手途径的不足。他说,"假使我们走这条路,我们应该怎样去选择材料?最显著的材料当然是本国名人",而"普通以儿童读了名士、英雄的传记以后,一定可以发生许多景仰的心思同模仿的志愿。其实结果不一定如我们所期。而且有时真正模仿起来,非常危险。况且有名的人不一定是好的,好的人不一定是有名的。即使他是有名的而且好的,他是地理上的高山大川,不是代表地球的全部分。"[3]这就是说,从传记入手进行历史教学,一方面,学生未必能从历史人物身上学到了好的东西,另一方面,学生只能了解到历史的一部分。针对第二

---

1 何炳松.历史教授法[A].刘寅生,谢巍,房鑫亮编校.何炳松论文集[C].北京:商务印书馆,1990:369.
2 同上.
3 同上.

方面的不足，何炳松进一步提出了改进的方案："我们如果采用第一条路，最好以一种事实或一种运动为中心，将有关系的人物分别附丽上去，比较的有利益。"[1] 这会使所学的历史内容有所增加，但也只能是一定程度的改善。正因为此，何炳松提出历史教学必须"从社会全体入手"。

何炳松基于新史学观点，指出人类社会的全部生活并非只是政治和军事，从全体社会入手，也不仅仅是从政治军事、国家生活入手，而是从人类全部的生活入手。"人类的活动除政治、战争以外，当然还有美术、文学、科学、宗教、哲学同其他一般的文化。"[2] 从这样的全体社会入手进行历史教学，显然能够了解到历史的全部。何炳松综而观之，得出这样的结论："当然以第二条路为比较的正当。不过第一条路亦可以走，但是他（它）的功用在于帮助我们去走第二条路。传记这种东西，当作史料看是有用的。当作教授历史的唯一手段看，是不宜的。"[3]

虽然，何炳松较为赞同第二条途径，但他也意识到其中的困难，"因为人群本不是完全纯粹一致的。所以我们要研究其一大群人类的特性，往往有以一例百同挂一漏万的流弊。"[4] 他认为个别地区的社会生活历史比较容易了解，"普通最简单的方法，就是将历史课程从家庭开始，再研究自己的学校，再研究学校所在地方。先明白家中伦常的关系，再明白校中合群的生活，再去考察本地方的风土同人情。学生自然而然的明白社会上的职业，衣食住

---

1 何炳松.历史教授法［A］.刘寅生，谢巍，房鑫亮编校.何炳松论文集［C］.北京：商务印书馆，1990：369.
2 同上书，1990：370.
3 同上书，1990：371.
4 同上书，1990：370.

的习惯同经济的状况。最后慢慢使他们明白古今状况的异同。"[1]这种"家庭-学校-社会"的历史研究范式符合学生学习的心理规律，对于我们现在的历史研究和历史学习来说，颇有借鉴意义。何炳松在当时就能提出这样的见解，实具开创性，充分体现了一个历史教育家的敏锐洞察力，而其高明之处还在于他觉察到这种研究范式的不足，即不太适合于研究一个大的国家和民族及整个人类的全部历史，因为这样的研究容易挂一漏万、以偏概全。为此他引入了一些从全体社会入手进行教学的例子，并给予一定的评述：

> 德国的文明史家主张将一国历史分成几个文化的时代，每一个时代有他自己的文明特点，详详细细叙述下来，叫学生将这一个时代同前一个时代比较一下，求出它们异同的原因。这种办法，很是妥当。此外亦有将全世界人类的历史一律根据文化的步骤去说明它，亦有将各种文化分类的去说明它。前一种似乎太杂，儿童不易了解；后一种固然很好，但是不免牺牲了各种分化原素的相互关系。现在有人主张研究人类的历史应该注意五个方面：就是政治的、宗教的、教育的、实业的同社会的。亦有分为六类的：就是（一）物质的状况，（二）知识的习惯，（三）物质的风俗，（四）经济的习惯，（五）社会的制度，（六）公共的制度。我们举了这两个分类的主，就是要使教授历史的人明白人类社会的内容，而且得一个选择材料同

---

[1] 何炳松.历史教授法[A].刘寅生，谢巍，房鑫亮编校.何炳松论文集[C].北京：商务印书馆，1990：370.

编辑历史的标准。[1]

这些例子及其评述是何炳松对如何从社会全体入手进行历史教学的最好诠释。

第三节 历史"动的"教授法

何炳松在教学方法上大力提倡"动"的教授法,"我们在师范学校中当教员的人,应该真真去实行那个'动的'教授法,使学生真真能够'自动的'去求学。"[2] "动的"教授法包含三大方面的内容:一是强调学生自动、主动地学习历史,二是强调教师积极地有意识地促进学生学习历史,三是将教师的积极促进和学生的主动相结合。

"动的"教授法最终是为了促进学生自动、自主地求学,但何炳松认为这一过程中教师的"动"最为主要。何炳松批评了教员采用讲书的教学方式,认为这种教学根本不顾及学生的反应,只是自己"高站或高坐在讲台上,岸然道貌的,或者面红耳赤的,在那里讲书。"[3] 并指出正是教师这种呆板、无聊、静态的教学方式,导致了历史教学的失败。因此,他认为历史教师应该做到,在课堂上要

---

[1] 何炳松.历史教授法[A].刘寅生,谢巍,房鑫亮编校.何炳松论文集[C].北京:商务印书馆,1990:370.
[2] 何炳松.我国教育的墙和我的拆墙主义[A].刘寅生,谢巍,房鑫亮编校.何炳松论文集[C].北京:商务印书馆,1990:356.
[3] 同上书,1990:354.

能促使学生自动、主动地学习历史，能和学生一起主动研究历史，还要能在课外指导学生读书。

何炳松将"动的"教授法运用于历史教学中，并进一步阐发为问答法、互助法、指导法。这三大方法的提出就更直接地指导了历史教师的教学。

第一，问答法。这里要明确何炳松所说的"问答法"和现在我们课堂上的"问答法"并不完全一样。何炳松认为问答法"就是直接令学生自己去读教科书，不用指导或暗示给他们。下次用种种问题去问他们，令他们回答"[1]。这种方法是指完全凭学生个人的能力去探究历史问题，教师只对学生的研究情况进行考查。这一教学方法的优点是充分注重学生的主体地位，但是由于缺乏教师的指导，很难调动起学生的积极性。何炳松自己也指出这种方法，"虽然能够使学生有自动研究的机会，但是不见得可以激起他们很大的兴味。"[2]

第二，互助法。何炳松认为互助法"就是令学生去解剖教科书，而且做一个大纲出来。上课的时候叫某人写在黑板上，叫其他学生去批评同改正。由教师加以修正。最后叫学生抄下去"[3]。互助法中充分发挥了教师和学生、学生和学生之间相互促进作用。但对如何研究这一点主要在于学生自己，教师只起督促和答疑的作用，何炳松认为"虽然可以养成创造的精神，但是费时太多"。[4]

第三，指导法，是指"由教师在教室中直接指导学生如何去研

---

[1] 何炳松.历史教授法［A］.刘寅生，谢巍，房鑫亮编校.何炳松论文集［C］.北京：商务印书馆，1990：375.
[2] 同上.
[3] 同上.
[4] 同上.

究"。[1] 这里，教师的作用发生很大的转变，在于对学生如何研究进行直接指导，这种指导并不是灌输，不是由教师的指导代替学生自己的主动探究，而是通过教师的指导给学生提供一个基本的思路和方法，其目的是为了通过指导达到不需要指导的境界。何炳松认为，"因为普通的学生受过这种指导八九次以后，就能够自动的去解剖教科书。教师只要令学生轮流报告他们研究书中材料所得的结果，叫他们将各种材料互相比较一下，推理一下，而且表明他们互相的关系。这个方法的目的，就是要学生能够习得他们应该习得的东西。"[2] 这种方法在何炳松看来是教师促进学生自动研究的最好方法。

"动的"教授法实质是在于培养学生自主探究历史的能力，让学生在探究历史中培养起合作意识和创新精神。在具体方法上，强调教学中的师生互动，学生与学生之间的互助，更重视教师对学生的促进、引导作用。这不但在当时是一个很有价值的探索，就是在今天也具有很大的现实意义。

第四节 历史比较法

何炳松认识到比较法在历史教学中的重要作用。他说："在中学中，应有一种各种记载的比较之研究。使学生不仅以读了报告，就算了事。使他们将各要点一个一个列起表来，再将他们一个一个

---

1 何炳松.历史教授法[A].刘寅生,谢巍,房鑫亮编校.何炳松论文集[C].北京：商务印书馆，1990：375.

2 同上.

的比较一下。假使没有这种训练，仅仅读书，断不能得出一定正确的印象的。"[1] 运用比较法有助于得出历史的"正确的印象"，这就是比较法之所以重要的原因。而"正确的印象"又是什么？何炳松在《通史新义》中的论述可作解释："吾人所当注意者本系社会全部之演化入手。必如此而后，吾人方能了然何种现象在某几种演化中缺普遍之性，何种现象在某几种演化中有一致之观，某几种现象永远分离，某几种现象时合时分。分析各种现象之方法，唯赖实验。今既不能实验，则惟有比较全部之一法，以断定何种现象为大体相联，何种现象为各自独立。"[2] 很明显，何炳松认为比较法非常重要，原因在于：在历史教学中运用比较方法，可以了解各历史事件和历史现象的异同关系，并进一步发现其本质和规律，从而对所学的历史有个清楚正确的认识，这也就是可以得出"正确的印象"。

何炳松对历史比较法的主张主要通过教材贯穿在历史教学中，因为教材的编排和呈现的方式直接蕴涵着一种教学方式。何炳松所编撰的历史教科书中一个重要的特点之一，就是书中具有大量的"比较"，且这些"比较"多种多样。如：

第一，进行人物对比。"他（帖木儿）虽不是一个伟大的政治家，但他那救民水火的深心却跃然纸上，大有东方式的贤主之风。他的知识和眼光似乎都在成吉思汗之上。"[3] 第二，将世界其他不同民族、不同国家的思想文化进行对比。如："印度人的思想渐趋高

---

[1] 何炳松.西洋中小学中的历史研究法[A].刘寅生，谢巍，房鑫亮编校.何炳松论文集[C].北京：商务印书馆，1990：24—25.
[2] 何炳松.通史新义[M].上海：商务印书馆，1930：110—111.
[3] 何炳松.复兴教科书高中外国史[A].刘寅生，房鑫亮编.何炳松文集（第五卷）[M].北京：商务印书馆，1997：488.

深抽象的一路,波斯人则注重现实的世界和人生。"[1] 第三,将不同时期的世界形势进行对比。如:"自上古到中古末年亚洲黄种民族活动的时代,其方向由东而西。自从十五十六世纪之交,葡萄牙人和西班牙人开始海外探险发现东航新路和美洲以后,世界形势为之一变。此后欧洲人不但反向东来,而且西向入美,南向入非,几有囊括全世界的趋势。"[2] 第四,注重中外对比,如:《复兴教科书初级中学外国史》还在"总论"专门列了一节,即第二节"中外文化比较",来探讨中外文化各自的形成发展和特色。[3]

第五,对于同一历史事件,呈现不同的历史观点。如在《复兴教科书初级中学外国史》中对于"人类始祖"问题,先叙述了两种观点及其成立的理由,紧接着叙述了"现代一般人所主张的说法"。[4] 这样的叙述过程其实也是著者展示自己如何对该问题进行比较的过程,有利于读者比较能力、怀疑精神的培养。教材中这些比较方法的运用,反映出何炳松对历史比较法及其运用的丰富理解。教科书编写是为教学服务的,历史教科书中所蕴涵的这些思想势必会贯穿到历史教学中,对历史教学中比较法的运用产生很大影响。

此外,何炳松还要求教员能主动地有意识地采用比较法,以激发学生学习历史的兴趣和增强学生辨别历史的能力。"有许多教员,亦往往对于几种一定的记载,除了文句上,辨别不出他们的异同。要激起学生研究过去真理的兴趣,教员应该常常将历史家批评

---

[1] 何炳松.复兴教科书初中外国史[A].刘寅生,房鑫亮编.何炳松文集(第五卷)[M].北京:商务印书馆,1997:33.
[2] 同上书,1997:126.
[3] 同上书,1997:237.
[4] 同上书,1997:19.

的成绩,同学生谈谈。"[1]并且何炳松还提倡教员积极引导学生自觉运用历史比较法。"不但问题的结果,可以同学生说明,就是解决学生步骤,亦可以同他们申述的。"[2]

此外,何炳松主张,教学中"注入式"和"启发式"不可偏废。"注入式"和"启发式"教学方法是两种意义相反的教学方法,前者注重学生知识的灌输,后者注重学生思维能力的培养。自从两者出现之时,孰重孰轻,便一直成为人们讨论的话题。我国在科举时代私塾制度发达的时候,大多用注入式教学。到了清末民初,西方的教育之风吹来"启发式"教学这一新的气息,国人欢呼雀跃,以相见恨晚的情怀将"启发式"教学高高地擎于独尊的位置。"'注入'总是不对的,'启发'总是好的"恰当地反映了当时国人的普遍心态。对此,何炳松不无辛辣地指出,"这是我国近来厌故喜新、矫枉过正的一种大毛病。"同时坚定地表达了他的立场:"注入同启发,各有好处,各有互助的关系,不能偏废。"这对我们现在一窝蜂地追求一些新的教学理念、教学方法,而忘记对传统的继承似乎有所启发。

第五节 中小学史学研究法

中小学生有无史学研究能力?要不要进行该方面的教学以培养中小学生的史学研究能力?这似乎不是一个问题,大多数历史教师

---

1 何炳松.西洋中小学中的历史研究法[A].刘寅生,谢巍,房鑫亮编校.何炳松论文集[C].北京:商务印书馆,1990:25.
2 同上.

对此抱着否定的态度。这就是民国时期的历史教育现状。何炳松通过对国外中小学历史教学中的比较研究，旗帜鲜明地主张中小学教学中也应该教授史学研究法，这集中体现在1922年他发表的《西洋中小学中的史学研究方法》一文中。当前历史教育虽然提到了研究性学习和探究性学习，与中小学生史学研究方法有着一定的相通之处，但更多侧重的是从教育学角度进行历史的探究，且为了避开成人化、专业化的嫌疑，历史研究性学习或探究性学习极少真正深入到"历史"中去。何炳松先生的相关探索，无疑可以为我们当前的历史教育提供良好参考。

一、中小学开展史学研究方法的必要性

（一）学校中"历史是固定可靠的"观念根深蒂固

何炳松指出，大部分历史教员以为学校中历史是一种固定的知识，应去解释它、研究它，而且利用它。有许多教员以为历史所述的唯有真理。[1]虽然一些教员也知道历史有种种可疑的地方，不仅仅是历史事实，而且事实的选择与组织亦是如此。但是他们鉴于学校的情形赞同武断地去掉有争论的历史。原因主要有三：其一，在学校里，著史者如果在历史教材中叙述了"许多诉讼的事实"，那就杂乱不适用了。其二，历史的功用和高尚的目的在于明白现状，鉴古知今。如果对历史人物和历史事件"纷纷的议论"，那么势必造成对"明白现状"所依据的历史素材的割裂或瓦解，"明白现状"也就无史可依，无史可鉴。因此，"种种的意见"

---

1 何炳松.西洋中小学中的历史研究法［A］.刘寅生，谢巍，房鑫亮编校.何炳松论文集［C］.北京：商务印书馆，1990：14.

均是有益无害的东西。其三，学校的历史学习是容易忘记的，与其记住许多似是而非的历史，还不如忘了"一定错误的"历史为好。[1] 这些教员将历史看成固定不变的存在，将历史教学看成了历史知识的传授。其实，历史教学应该让学生自动地去探究。何炳松在教学方法上大力提倡"动的"教授法，"我们在师范学校中当教员的人，应该真真去实行那个'动的'教授法，使学生真真能够'自动的'去求学。"[2] 学校中"历史是固定可靠的"观念应该改变，而改变的一个重要举措是在中小学开展史学研究方法的教学。

（二）历史教育的重要功用在于养成学生的质疑习惯和辨别能力

何炳松指出，在学校中历史是最易忘的科目，但是也有永久结果的。学生在学校养成了轻信的习惯，就一生没有辨别是非的能力。学生在学校养成了迷信书本的习惯，就一生受书本的压制。这种趋向，虽大学毕业生，亦有免不了的。[3] 我们并不能希望他们能够编纂历史，但是可以希望他们不至于犯历史研究的谬误，有许多名史家对于历史研究，亦有失败的地方。不过，可以养成学生辨别质疑的意识和习惯，批评史料的能力，"建设一个赏识历史的根基"[4]，这样至少可以保护学生不致受人之愚。历史贯穿于生活的方方面面。人们从小就处处用历史，过去所说的话和所做的事，都是

---

1 何炳松.西洋中小学中的历史研究法[A].刘寅生，谢巍，房鑫亮编校.何炳松论文集[C].北京：商务印书馆，1990：15—16.
2 何炳松.我国教育的墙和我的拆墙主义[A].刘寅生，谢巍，房鑫亮编校.何炳松论文集[C].北京：商务印书馆，1990：356.
3 何炳松.西洋中小学中的历史研究法[A].刘寅生，谢巍，房鑫亮编校.何炳松论文集[C].北京：商务印书馆，1990：16.
4 同上书，1990：26.

历史。我们一生所想的同所计划的，亦是历史。因此，学校教育中应该使学生知道什么是历史，同教他们如何去研究历史。[1] 而研究历史最重要的是具有质疑的意识和批判、辨别、编辑历史的能力。为此，学生必须学习史学研究方法。

（三）开展史学研究方法教学可激起学生学习历史的兴趣

兴趣是最好的老师，最成功的历史教学是能激发学生学习历史兴趣的教学。在历史教学中教会学生学习史学研究方法，也可以激发学生学习历史的兴趣。何炳松认为，无论教科书中事实错误与否，以书中之结论为结论，与自己研究而得的结论不同，就是根据教科书来回答一个问题，同自己去解决一个问题之不同。这种史学方法运用的练习虽然很不容易，但是认真做起来，非常能够激起学生的兴味同思想。[2] 如有一班六年级学生，叫他们研究 Creey 战争中究竟有没有用火药。不过几天，那班学生竟忘却其余功课，专去研究那个问题了！有一班七年级学生，叫他们研究 Pocahontas 那件事，竟请求教员延长上课时间半点钟！[3] "忘却其余功课"、"请求教员延长上课时间"，说明在这些研究过程中学生学习历史的兴趣已经被激发起来了。中小学生对外界充满着好奇心和求知欲，展开历史的探究是满足学生好奇心、求知欲的一种极好的方式。同时，学生在史学探究练习中不断克服困难获得成功，成就感油然而生，兴趣也就逐渐得到培养。虽然何炳松先生并未从心理学角度对此进行诠释，但是其观点充分体现了这一点。

---

1 何炳松.西洋中小学中的历史研究法［A］.刘寅生，谢巍，房鑫亮编校.何炳松论文集［C］.北京：商务印书馆，1990：16.
2 同上书，1990：19.
3 同上书，1990：20.

二、运用史学研究方法的教学策略

（一）去除史学研究高深莫测的思想障碍

中小学极少开展史学研究方法的教学，最根本的原因在于人们认为史学研究方法是高深莫测的存在，中小学生的思维能力和知识储备等不足以完成如此"高大上"的任务。专家老师们由于不相信也就不引导、不支持和不鼓励，而中小学生由于望而生畏而不敢尝试。何炳松指出，中小学可以教学生学历史研究方法。教学生如何去研究历史，普通往往以为事体重大，是大学校中应有的科目。但是做教员的，不能因为他名目太高，就置之不理。大学有历史，小学亦可以有历史。大学有历史研究法，小学又何尝不可以有历史研究法？实在说起来，从小学一年级起，就可以用极简易的方法去教历史研究法的。[1] 这为中小学开展史学研究方法教学清除了习惯性的思想障碍。

（二）注重史料搜集与辨别

史料搜集是历史研究中的重要一环。中小学历史研究法中包含着史料搜集的方法。教员可通过一些提问的方式让学生了解史料的来源。如希腊史学家 Herodotus 所著的历史材料丰富，他就问学生 Herodotus 所著的史料如何搜集的。首先他问除了本国人以外世界上还有什么人种呢？你怎么知道呢？世界最古的人种是哪种呢？有学生说曾听他母亲说有德国人，教员就在黑板上写了"我们可因为耳闻而知的"；一个学生说世界上有红人，因为在书上看见的，教

---

[1] 何炳松.西洋中小学中的历史研究法［A］.刘寅生，谢巍，房鑫亮编校.何炳松论文集［C］.北京：商务印书馆，1990：16.

员又写"我们可因读书而知的";一个学生说世界上有中国人,因为他曾看见过,教员又写"我们可因目见而知的"。通过课堂简单的提问,就可总结出耳闻、目睹、书上等多种史料来源,让中小学生掌握史料的搜集方法。这些史料可分为第一等和第二等史料。目睹、耳闻的是第一等史料,而书中得来的为第二等史料。何炳松认为,如果学生在教学中能够发问,这是著者亲见的?听来的?还是从书中得来的?学生就已经知道第二等材料的著作家一定会说明材料的来源。学生自小就可以知道历史家同他们著史的方法。学生到了七年级可以让他们探究第二等史料批判辨别的奥妙和能力。第二等史料有时是多个的。如果同一个事情有多个说法,那么,应该让学生相信选择较旧的版本。说明历史的谬误是教员的责任。说明谬误的时候,可以顺便说明如何去断定事实的正确。无论教科书中事实错误与否,以书中之断语为断语,与自己研究而得的断语不同,就是根据教科书来回答一个问题,同自己去解决一个问题之不同。这种练习有过一回之后,以后遇到相关问题就会迎刃而解。[1]

(三)重视组织史事的练习

何炳松指出,应该加强对中小学生组织史事的练习。将事实组织成篇可以有两种:第一,令学生在许多历史事实里面选出同一类事实,归在同一种名下。第二,老师选出同一类事实,让学生去拟定一个名称。这实际上就是锻炼学生的归纳概括思维,锻炼学生的辨别能力。如让学生研究是哪几个人发现美洲的。可以让学生编一个发现美洲的年表,自1000年起到1565年为止,将各探险家的籍贯,为哪国所派,所探者何地,白人同红人的关系如何等。高年

---

[1] 何炳松.西洋中小学中的历史研究法[A].刘寅生,谢巍,房鑫亮编校.何炳松论文集[C].北京:商务印书馆,1990:19.

级的学生还可以别出心裁地应用选择同组织的原理，可以令他们去读一段或几段事实的一部分，选出重要部分去组织成篇。何炳松强调，中学中应该有笔记的练习，让学生将材料分类，评论它在本问题上的价值，再注明参考书。这种练习最好有一定的计划，教师将笔记纸印好分给学生。样式如下：

历史研究

学生姓名　　题目……

何日指定　　何日报告

共读几页……共费多少时间

参考书

第一等史料……

第二等史料……

对于各著作者之印象……

最好的参考书之一种为何……

教师应该将题目、指定时间、报告期限、应读的参考书目等写明。报告的题目应以简明为贵。报告每页下面应该留下空白以备标出参考文献。当学生在初次开始练习的时候，教师可以指明某个名著中的某段文字让学生去研究和探究这段史料的来源，探讨所引史料的正确与否及如何搜集等。

有时不妨令学生先有这种练习，再教他们如何去利用索引、目录、书目、注脚、参考书目、百科全书中书目，同历史书目。其结果可以使学生知道这种东西的用处。不过说明的时候要明白简要。学生练习的时候要比较方便。练习中至少须有一次关于参考书目的编订。题目最好是未经多人研究过的。不要用名人名事，总以不甚知名的人同事为主。[1]

(四)着力开展比较研究

何炳松认为,在中学中应有一种各种记载的比较之研究,使学生不仅读了报告,就算了事,使他们将各要点一个一个列表,再将他们一个一个地比较一下,假使没有这种训练,仅仅读书,断不能得一定正确的印象。有许多很聪明的人,对于很熟悉的事情,亦往往不注意他们特别的地方。有许多教员,亦往往对于几种一定的记载,除了文句上,辨不出他们的异同。要激起学生研究过去真理的兴趣,教员应该常常将历史家批评的成绩,同学生谈谈。不仅问题的结果可以和学生说明,就是解决问题的步骤,亦可以同他们申述的。[2]

(五)根据不同年级开展史学研究法

由于不同年级学生知识储备、思维发展的不同,对不同的年级应该教不同的历史研究方法,如:对于一年级学生,应使他们知道有许多历史材料,是从地下挖掘出来的,或者别人报告的,对于四年级学生,应使他们知道要明白他人所做的事,或者所说的话;对于六年级学生应使他们知道利用目录及索引同参考书的重要;对于七年级学生可以让他们练习史料的批评;七年级以上的就可以遍习历史研究法各方面了。[3] 关于史料,在小学用过的,到中学后依然可以使用,但研究方法上应有所区分,比如:小学中教员指导力应该多一些,在中学,老师的指导力应该少一些,让学生自己去探究、

---

1 何炳松.西洋中小学中的历史研究法[A].刘寅生,房鑫亮编.何炳松文集(第二卷)[C].北京:商务印书馆,1995:24.
2 同上书,1995:36.
3 何炳松.西洋中小学中的历史研究法[A].刘寅生,谢巍,房鑫亮编校.何炳松论文集[C].北京:商务印书馆,1990:16.

判断。[1] 在组织历史事实成篇的练习中，不同年级学生也是采用不同的组织方法。如此安排也许并非完全的科学可行，但它体现了学生学习的循序渐进原则，符合学生的心理发展规律。

---

[1] 何炳松.西洋中小学中的历史研究法［A］.刘寅生，谢巍，房鑫亮编校.何炳松论文集［C］.北京：商务印书馆，1990：23.

第六章 何炳松其他历史教育思想

第一节 历史课程资源观

课程资源是指有利于实现课程目标的各种因素，是形成课程的因素来源与必要而直接的实施条件，[1]也是教学有效开展的必要素材。课程资源就空间来划分，包括校内课程资源和校外课程资源。就形态划分包括课程物质资源，也包括课程人力资源。课程物质资源包括教室、教科书、参考书、图书馆、科技馆、博物馆、网络资源、乡土资源、家庭资源等，课程人力资源包括教师、学生等一切与课程有关的人员及其知识能力、生活经验等。

当时的历史教学普遍存在着一种现象，即：将历史教学几乎等同于历史教科书的教学。对此，何炳松提出异议。他在1925年《教育杂志》上发表的《历史教授法》中指出，"今人一旦谈起教授法，立刻就同教科书联系起来。好象（像）教授法就是教科书的使用法。教科书以外的教学上的帮助，现在大家很不在意。我们只要看看现在大部分学校中的设备——如地图、模型、参考书、图书等

---

1 吴刚平.课程资源的理论构想[J].教育研究，2001（9）：59.

等——我们就差不多可以武断地说：我国学校的教授各种科目，还是免不了同科举时代一样，完全是书本的研究，或者是教科书的研究。"[1] 这就明确地指出了历史教学不只是历史教科书的教学，地图、模型、参考书、图书等也应该成为历史课程教学的重要材料，从而将历史课程教学资源扩大到历史教科书之外。

历史教科书、参考书、图书等都属于校内的课程资源，但何炳松对课程资源的认识不仅仅局限于校内，他指出，"应该能够利用本地方各种历史的遗迹，去帮助学生明白其他各地方的历史。小学应该注意地方风土志，这就是一个理由。假使一个地方有一个历史博物馆，那更便利了。此外，如石碑、古代建筑等遗址，这是很好的教材。"[2] 这就将历史课程资源从校内延伸到校外。

何炳松对历史课程资源的理解还可见之于一些其他言论，如："求学不能单靠教员与书本，随处皆是学问，足供研究，如朝宇可作历史图书馆用，大世界可作戏剧图书馆看，而最紧要的在于求真。"[3] "普通最简单的方法，就是将历史课程从家庭开始，再研究自己的学校，再研究学校所在地方。先明白家中伦常的关系，再明白校中合群的生活，再去考察本地方的风土同人情。"这种"家庭-学校-社会"的历史研究范式和历史学习模式符合学生根据人的本位认同由近及远来学习历史的认知规律。何炳松在当时就能提出这样的见解，实具开创性，充分体现了一个历史教育家的敏锐洞察力。"至于历史的小说同咏史诗，亦可以帮助历史的'活现'，不妨利

---

1 何炳松.历史教授法[A].刘寅生，谢巍，房鑫亮编校.何炳松论文集[C].北京：商务印书馆，1990：370.
2 同上书，1990：371.
3 房鑫亮编.谢巍，刘寅生审定.何炳松年谱[A].刘寅生，房鑫亮编.何炳松文集（第四卷）[M].北京：商务印书馆1997：695.

用。"[1]谢海燕回顾说"他（何炳松）认为雕刻、绘画、工艺、建筑等美术作品都是研究历史的宝贵资料，是形象的历史记录"。[2]

由此可见，何炳松所认为的历史课程资源不仅仅是历史教科书，它还包括地图、模型、参考书、图书资料、朝宇、遗址、小说、史诗、家庭史、地方风土志（乡土史），以及过去的雕刻、绘画、工艺、建筑等。这足见何炳松对历史教学资源理解之丰富。

何炳松的历史课程资源观是与其"拆墙主义"教育观交相呼应的。何炳松就任浙江省立第一师范学校校长的时候，一进校门便看见两道很高、很长而且很破烂的长墙，"我那时就觉得它太闭闷、太阴森，所以不到一个星期，就把它拆得个干干净净，左面露出个大操场，右面露出一个附属小学；一个气象深沉的学校忽然显出一种活泼美丽的形式来。"[3]由此，何炳松联想到我国教育的墙。他指出，我国教育的墙至少有三道：即学校的墙、教室的墙，以及可作为围墙的讲台。"据我们现在的一般社会的见解，教育就是学校，学校就是教育；学校以外没有教育。至于社会教育，懂得的已经很少，能办的更加少；成绩二字，暂不可提。所以我说我国教育的第一道墙就是学校的墙。"[4]何炳松认为，应该拆除学校的墙，关心校外图书馆、博物院、美术馆、各种讲习所，以及幼稚的、残疾的、家庭的教育等。这就为其历史课程观中所提出的从校内资源延伸到校外历史博物馆、历史遗址遗迹等提供了教育理论支撑。第二道墙

---

1 何炳松.历史教授法［A］.刘寅生，谢巍，房鑫亮编校.何炳松论文集［C］.北京：商务印书馆，1990：371.
2 谢海燕.抗日战争时期的暨南大学及校长何炳松［A］.房鑫亮编.谢巍，刘寅生审定.何炳松年谱［A］.刘寅生，谢巍，房鑫亮编校.何炳松论文集［C］.北京：商务印书馆，1990：568.
3 何炳松.我国教育的墙和我的拆墙主义［J］.教育杂志，1923，第十五卷第三号.
4 同上.

就是教室的墙。"所谓教育，就是教室；教室以外，别无教育。"[1]除去第二道墙的措施有：成立各种社团，开展演说比赛、体育比赛、辩论比赛、游艺、各科竞赛等课外活动，这些使得课程与教学资源必然延伸到教室之外。而第三道墙是可作为围墙的讲台，它限制了学生的能动性。拆除第三道墙，倡导教师启发式教学，引导学生自主探讨问题，走下讲台与学生共同解决问题。在这一过程中，课程资源功能将变得更加丰富，在人力资源上不仅仅是教师，也包括了学生，在物质条件资源上不仅仅是教师所教授的历史教科书内容，还可能包括学生日常的所见所闻、小说、史诗、家庭史等。

第二节 历史考试思想

新课程改革以来，我国教育界提倡素质教育，矛头直指"应试"教育。如何看待考试制度？如何改革当前的考试制度？人们纷纷发表见解，提出了很多建设性意见。回顾历史，民国时期历史学家、教育家何炳松先生对于考试也进行了一定的探讨。

一、考试的功能与目标：可以"促进学生用功"，养成学生"应付环境的能力"

自考试出现以来，不管是科举考试，还是近代学校考试，主要的功能一直是甄别和选拔。何炳松1925年发表了《历史教授法》，

---

[1] 何炳松.我国教育的墙和我的拆墙主义[J].教育杂志,1923,第十五卷第三号.

对考试的功能进行了重新定位。他指出："学校的考试不但可以促进学生用功，而且可以养成他们应付危机（或环境）的能力。"[1] "促进学生用功"说明考试是为了促进学生的发展，突出了考试的激励功能和教育功能。这与我国当前新课程改革所提倡的发展性评价理念不谋而合。而"应付环境的能力"指的是"能够受得起环境的考试，同当得住环境的压迫"[2]，"环境"即人们所面临的学习、工作、生活等各个方面的问题。何炳松指出，"在现在世界做人，处处统是问题；在现在世界上求学，亦无非时时刻刻要想能够解决种种问题。所以我们即使不在求学的时代，亦没有不时时刻刻受环境的考试。"[3] "例如做医生的人，时时刻刻都要准备回答病人的询问，而且要立刻医治他。"[4] 由此可见，"应付环境的能力"实际上是指能够及时解决临时所遇现实问题的能力。这种能力可通过学校考试而得以培养，并可迁移至将来，用于应付以后的"环境"。何炳松所说的"受得起环境的考试"中的"考试"并非指真正的考试，而是类似于考试的一种考验或检测，何炳松用"考试"一词代替，暗含着"应付环境的考试"和学校考试之间具有一定的共通性，这种共通性指的正是：两者都需要有解决临时所遇问题的能力。何炳松将考试与做人、求学、工作紧密结合，强调考试为学生的未来服务，突出考试对培养学生将来所需能力的重要作用，这是颇有见地的。

我国目前的考试功能依然以甄别和选拔为主。学校普遍利用

---

1 何炳松.历史教授法［A］.刘寅生，谢巍，房鑫亮编校.何炳松论文集［C］.北京：商务印书馆，1990：378.
2 同上.
3 何炳松.何炳松文集（第二卷）［M］.北京：商务印书馆，1997：500.
4 同上.

考试成绩来区分学生优劣,甚至决定学生命运,人为地强化了考试的选拔性功能,给教师和学生带来了过重的精神负担,在心理上造成了不应有的伤害。考试偏重测试知识的记忆和理解,而较少测试学生的实践技能。如大学英语四六级考试主要考查的是书面考试技巧和水平,以致不少通过四六级考试的学生掌握的只是"哑巴英语"。我国参加奥林匹克各种竞赛拿奖的大有人在,但这些获奖者后来很少有在国际上值得称道的科研成果。这些都说明,我国学生参加考试很多只是为了通过考试,而没有将考试与未来的工作、学习、生活紧密结合,培养起社会需要的真正技能。何炳松强调考试功能的发展性,在目标上重视培养学生适应未来社会生活的能力,这可以为我们提供如下启示:第一,我们应该充分发挥考试的激励和教育功能,通过考试及时向教师和学生提供反馈信息,使他们能够了解教育活动中存在的缺陷和不足,从而促使教师和学生能够不断地改进、完善自己的教育活动和学习活动。第二,我们应该加强考试与学生未来工作和生活的联系,多测试一些对未来甚至一生都有用的知识、能力和情感等方面的内容,如学生的自学能力、自我反思能力、专业实践技能等等。

二、考试的内容:重视"应用知识的能力",突出学科研究方法的运用

考试究竟考什么?自学校出现以来,学校考试的内容主要是学生所学的课本知识,考查的是学生的记忆力。何炳松认为考试应"测验学生的知识同他们应用那样知识的能力"[1],同时他还主张考

---

1 何炳松.何炳松文集(第二卷)[M].北京:商务印书馆,1997:500.

试应"测验学生的兴趣、志向同习惯"[1]。"兴趣、志向同习惯"与我们现在所说的"情感、态度、价值观"有一定相似之处,都属于非智力因素。我国当前的新课程标准规定,课程目标包括"知识与能力"、"过程与方法"、"情感、态度和价值观"。显然,考试的内容也应该包括相应的三个方面。虽然何炳松没有意识到考试应该考查"过程与方法",也没有进一步对如何测试"兴趣、志向同习惯"进行探讨,但是,他在八十多年前就主张将"知识"、"应用知识的能力",以及"兴趣、志向同习惯"都纳入考试的范畴,已属难能可贵。

对于"应用知识的能力",何炳松进行了较为深入的探讨。他以历史学科为例,认为所谓测验应用历史知识的能力,"就是解释地图同图画,解剖文字,搜集材料,解决问题,认明真确的程度,断定史事的性质,发见(现)古今各种状况的异同关系,组织事实等等。"[2] 由此可以推知,何炳松所谓应用历史知识的能力,主要是指运用历史的知识、方法、理论来分析和解决历史与现实问题的能力。因而"应用知识的能力"也就是学生运用一定的知识、方法、理论来解决各种问题的能力。

何炳松将"应用知识的能力"分解为很多具体的能力,这样便于考试操作。如应用历史知识的能力可以具体化为"搜集材料"、"解释地图同图画"、"解剖文字"、"认明真确的程度"、"发见(现)古今各种状况的异同关系"、"组织事实"等能力。而这些具体能力都是学习和研究历史所特有的能力。何炳松认为,"大

---

[1] 何炳松.历史教授法[A].刘寅生,谢巍,房鑫亮编校.何炳松论文集[C].北京:商务印书馆,1990:377.
[2] 同上书,1990:378.

学有历史研究法，小学又何尝不可以有历史研究法？实在说起来，从小学一年级起，就可以用极简易的方法去教历史研究法的。"[1] 说明何炳松主张的"应用知识的能力"较为强调学科研究方法的运用。何炳松重视测试学生"应用知识的能力"，突出对学科研究能力考核，并将该能力分解为易于操作的很多具体能力，对我们当前的考试尤其是研究性学习的考核具有一定的借鉴意义。

三、考试的方式方法：应该灵活多样，"不能偏废"任何一种

何炳松对于考试方式方法的探讨集中于两点：第一，考试应该灵活地采用多种方式方法。何炳松指出，"考试的时间可以短至数分钟，亦可以延到数小时"，将即时评价和长时段评价相结合；"考试的时期有一周、一月、一学期、一学年同毕业等"[2]；在不同阶段进行考试，注重考试的过程性；"有时应用口试，有时应用笔试。有时应多考几次，有时应不妨少几次。教师尽量应用上述的各种考试"[3]，考试方式方法应灵活，不拘囿于某一固定的模式。第二，任何一种考试方式方法"统有用途同目的，不能偏废"[4]。如当时的社会倡导口试，有忽视笔试的倾向，何炳松就指出，"笔试一层至少应该同口试一样

---

1 何炳松.西洋中小学中的历史研究法[A].刘寅生，谢巍，房鑫亮编校.何炳松论文集[C].北京：商务印书馆，1990：16.
2 何炳松.历史教授法[A].刘寅生，谢巍，房鑫亮编校.何炳松论文集[C].北京：商务印书馆，1990：377.
3 同上.
4 同上.

看得重。"[1] 这说明何炳松已经意识到：在引入新的考试方式的同时，应该不忘对原有考试方式的继承。相对于今天来说，虽然何炳松所提到的考试方式方法种类较少，但是，他主张考试应该灵活地采用多种方式方法，"不能偏废"其中任何一种考试的观点，则具有一定的科学性，对于我们当前的考试和评价改革来说富有启发意义。

目前，考试的方式方法相对于何炳松所处的时代有了很大的丰富，出现了很多种考试方式和方法，如会考、高考、开卷考试、闭卷考试、口试、笔试等。但出于种种目的，人们常常偏重高考，忽视会考；重视闭卷考试，忽视开卷考试；重视期终考试，忽视平时考试等。考试是评价的一种重要形式。在评价方式上，人们大力提倡质化评价、形成性评价、自我评价、表现性评价、发展性评价等评价方式，而对于传统教育中占主要地位的终结性评价、鉴定性评价、量化评价、外部评价等评价方式已开始有所忽视。反观何炳松"统有用途同目的，不能偏废"的主张，我们对这些问题应该有所反思。诚然，某些考试和评价方式在一定条件下可能更有利于实现教育的目的，但并不能由此否定其他考试方式和评价方式的作用。对于任何一种考试和评价方式，不管是传统的，还是现代的，不管是国内的，还是国外的，我们都不能轻易舍弃，而应该根据实际情况进行选择运用。

四、考试的存废：不能废止，而"应该占据教育上一个重要位置"

当时的中国教育界以"蔑视学生人格"为由普遍反对考试，

---

1 何炳松.历史教授法［A］.刘寅生，谢巍，房鑫亮编校.何炳松论文集［C］.北京：商务印书馆，1990：377.

学生要求废考,有的教师也大唱不要考试的调子。何炳松认为这是"很可悲的一件事"。他指出,人们普遍反对考试,其原因在于部分学者"拾人牙慧",任意鼓吹。这些所谓学者"一旦看见了一个新名词,往往不肯加一番研究的功夫,就满口应用起来,借口人格关系而反对考试"[1]。因此,他主张"先将外国好看好听的新名词,加一番慎思明辨的功夫,认识他们的真意,明白他们的功用,决定他们是否适合吾国的状况。然后再去鼓吹,再去提倡"[2]。正是基于这样的主张,何炳松对中国当时的状况和考试的功用进行了客观分析。他指出,要改变中国的落后面貌,必须发展教育,而发展教育不能没有考试。他认为,学校的考试不但可以"促进学生用功",而且可以"养成他们应付环境的能力",决不是"蔑视学生人格"。因此,对于反对考试之声,他"不但不敢附和",反而主张"学校的考试不但应该占据教授法上一个重要的位置,而且应该占据教育上一个重要位置"[3]。何炳松在全国废考之声一片的状况下,能够冷静、理性地看待考试,并坚定地表达了自己的立场,这种实事求是的精神值得我们学习。

目前,我国的教育正由应试教育向素质教育转变,很多人认为素质教育发展的根本障碍就是由于考试制度的存在,"考试扼杀学生的天性","考试是万恶之首",因此也要求废除考试制度。不可否认这些人的拳拳爱国家爱教育之心,但是,我们也应该像何炳松先生一样,理性地去看待这一问题。首先,我们要认识到我国现有的国情及生产力发展的水平还不能满足所有人都能够进入高等学

---

1 何炳松.历史教授法[A].刘寅生,谢巍,房鑫亮编校.何炳松论文集[C].北京:商务印书馆,1990:381.
2 同上书,1990:382.
3 同上书,1990:378.

校，这就决定了具有甄别和选拔功能的考试制度不可能在短期内废除。诚然，由于考试决定着学生命运，受功利主义影响，教学的开展很大程度上都是围绕着如何考好试而进行，这就使得应试教育的现实和素质教育的理想存在着很大距离。但考试也有其自身存在的合理内核，它客观公正，易于操作，不仅有助于选拔人才，而且具有促进学生努力学习和促进教师提高教学水平的功能，当然也有利于培养何炳松所说的"应付环境的能力"。前教育部长周济曾说："现在高考在我国还是行得通的，是一个非常公平的制度，但现在要对它进行改革，让它能够更加有利于创新人才的挖掘。"[1]而教育家顾明远先生在回顾三十年高考发展历程后也得出类似结论：高考一时还不能取消，但须要改革[2]。因此，我们要推动素质教育的发展，除了探索和采用更有利于学生素质发展的其他评价形式之外，重要的是改革而不是废除现有的考试制度。对于现在的考试，我们不能全盘地否定，也不能一成不变地继承，而是要辩证地扬弃。

何炳松从考试的功能和目标、考试内容和方法，以及考试的存废等方面对考试问题进行了一系列探讨，其中一些观点不乏创见，在当时非常先进，对现在也一定程度地适用。当然，何炳松的考试观也存在着某些不足，如考试功能只是针对学生个体，考试的方式方法种类不够丰富等。但这并不影响我们对一代教育大家的钦佩和对其思想精华的汲取。对照我国当前的考试改革，何炳松反对废止考试所体现出来的科学精神和他在考试上的一些观点，非常值得我们学习和借鉴。

---

1 鲍效农.教育部长周济做客新华网与网民在线交流［N］.中国教育报.2007-3-10.
2 顾明远.一扫乌云见光明——纪念高考恢复30周年［J］.中国教师,2007（4）.

第三节 历史学科渗透思想[1]

很多学科之间在知识理论与方法上存在着相通性，由此学科可以相互渗透。何炳松并没有明确提出学科渗透概念，但在其发表的《西洋史与他种科目的关系》(《教育丛刊》第三卷第一集，1923年3月)和《怎样研究史地》(《文化建设》第一卷第八期，1935年5月)等论著中，何炳松阐述了历史学科与其他学科之间的关系，一定程度上体现了他的历史学科渗透思想。他指出，"所谓各种科目的关系，就是由各种科目中得来的智识，同教训的关系。"[2]在历史教学中，"最好做教员的，能利用学生的他种科目知识，来补助这种科目的知识。"[3]这也就是我们现在所说的历史教学中的学科渗透。他进而强调师生在历史教学中的主动性和学科渗透的预设性。"不但各科教员自动的去利用学生的他种知识，而且要预先计划使学生自己去利用。"[4]对于历史教学中为何要注重学科渗透，如何与其他学科渗透以及相关的注意点，何炳松先生或进行较为深入的探讨，或在相关言论中有所体现。

---

1 本节借鉴了何继润的《浅论何炳松历史教学的学科渗透思想》(《新疆石油教育学院学报》，2005年第5期)一文基础上的进一步探讨。
2 何炳松.西洋史与他种科目的关系[A].刘寅生，谢巍，房鑫亮编校.何炳松论文集[C].北京：商务印书馆，1990：65.
3 同上
4 同上.

一、注重历史与其他学科渗透的原因

历史教学为什么要注重学科渗透？实际上也就是为什么要注重历史知识与其他学科知识间的关系？这一问题在何炳松对历史特性和历史学发展的相关论述中得以回答。

（一）历史学科具有包罗万象的特性

何炳松认为，历史不只是政治史，它是人类全部活动的历史，"所谓人类的活动，普通可分为五种：就是政治的、经济的、宗教的、教育的和艺术的。这五种生活和活动，形成了所谓人类的文化。我们研究人类的或各国的历史，就以他们的文化为我们的对象。"[1] 因此，历史学在各项社会科学中，以至所有人类知识及经验中，具有无所不包、无所不及的特性。历史内涵的这种包罗万象决定了历史与多门学科的紧密相联，历史教学中必须注意与其他学科的相互渗透。

（二）他学科知识可以促进历史自身的发展

何炳松认为，利用他种学科知识可以促进历史自身的发展。"新史学"派代表人物鲁宾逊认为："历史能否进步，能否有用完全看历史能否同他种学科联合。"[2] 对此，何炳松较为赞同，他指出："要知道历史的进步必得他种科学的帮助才行。"[3] "研究历史

---

1 何炳松.怎样研究史地［A］.刘寅生，谢巍，房鑫亮编校.何炳松论文集［C］.北京：商务印书馆，1990：205.
2 鲁宾逊著.何炳松译.新史学［M］.上海：商务印书馆，1924：24.
3 何炳松.新史学导言［A］.刘寅生，谢巍，房鑫亮编校.何炳松论文集［C］.北京：商务印书馆，1990：55.

的人,应该急起直追,去利用新学科里面的新学说才好。"[1] 诸如人类学、古物学、社会心理学、动物心理学、比较宗教等新学科虽然对人类的事业有武断的地方,但不能因噎废食,应该引入到历史研究中来,拓宽视野。针对时人所认为的"现在各种科学,各有历史;历史本身,恐怕要瓜分尽了",[2] 何炳松认为,"历史分工研究,不但不会将历史瓜分了,而且同历史本身有'相得益彰'的妙用,"[3] 历史的分工研究反而可以使历史和其他学科之间相互促进,共同发展。1970年,美国的《跨学科历史杂志》创刊宣布"第二次世界大战以来对历史学的学术性给予最有成效的刺激来自于其他学科的进步",标志现代西方史学中跨学科历史学的正式确立。[4] 站在历史坐标中,何炳松先生的主张无疑具有前瞻性。

二、历史教学中具体的学科渗透

对于历史教学中如何进行学科渗透,何炳松主要从历史与地理、历史与文学、历史与政治学三个方面关系上进行了深入分析。[5]

（一）历史与地理

南宋史学家郑樵在《通志》中说:"图成经,书成纬;一经一

---

1 何炳松.新史学导言[A].刘寅生,谢巍,房鑫亮编校.何炳松论文集[C].北京:商务印书馆,1990:55.
2 同上.
3 同上书,1990:54—55.
4 杨豫,胡成.历史学的思想和方法[M].南京:南京大学出版社,1996:325.
5 何继润.浅论何炳松历史教学的学科渗透思想[J].新疆石油教育学院学报,2005(5):49—51.

纬，错综而成文。古之学者，左图右书，不可偏废。"[1]而近代学者梁启超在《〈中国地理沿革图〉序》中也认为，"读史不明地理则空间概念不确定，譬诸筑屋而拔其础也。"[2]这两者都说明了历史与地理的重要关系。

何炳松也十分重视历史与地理的关系，并对此展开了深入研究，提出了一些非常精辟的见解。何炳松从学科性质出发，指出历史是研究人类过去生活和活动的科学，地理是研究人类现在的生活和活动的科学。历史学的对象是人类过去的文化，地理学的对象是人类现代化在地球表面上继续创造的文化，大体相同。研究历史是以时间为经，以研究空间的地理为纬；而地理的研究，是以地球的表面为经，又不能不以历史为纬。因此，历史和地理有"互相为用的功效，不可偏废"。[3]"历史无地理，同地理无历史，统是不行的。所以，学校中历史地理是天然的配偶。"[4]"天然的配偶"足见历史与地理的关系紧密。

在学校历史教育中，何炳松认为应吸取欧洲学校的一些宝贵经验，如：德国小学生最初就习一种历史地理同普通科学混合的课本。从语言文字的实物教授起，慢慢地引到本地地理、本乡风土同博物。历史地理二科分离以后，自本地而本省而本国，统是携手同进。法国小学中的历史地理，始终并行不悖。欧洲中学中的历史同地理，亦是始终互相关联。德国中学中，往往讲某国历

---

1 转引自：魏丽娜.中国的钱币图录[J].中国典籍与文化，1994（2）：63—68.
2 转引自：钱昌明.略谈历史空间概念的培养[J].历史教学问题，1984（3）：34—35.
3 何炳松.怎样研究史地[A].刘寅生，谢巍，房鑫亮编校.何炳松论文集[C].北京：商务印书馆，1990：205.
4 何炳松.西洋史与他种科目的关系[A].何炳松著.房鑫亮编.何炳松文集（第二卷）[M].北京：商务印书馆，1997：80.

史的时候，就讲某国的地理。加以历史地理的班次，往往由同一个教员担任，所以这两科目的关系，因之更加密切。[1] 这些经验对于我们目前的历史教学尤其是《历史与社会》的教学很有借鉴价值。

何炳松还进一步将地理与历史的密切关系渗透到历史教科书中。其编写的初中外国史教科书就非常注重对地理环境的叙述，经常从地理环境的角度分析国家民族历史形成和发展的原因，[2] 如：埃及由于"尼罗河定期泛滥，两岸土地肥沃"，所以人民不必苦作就能够"衣食丰足"[3]；"两河流域的地势，比较平旷，四面可以受敌，"[4] 所以，巴比伦的历史"竟是一部定居民族和游牧民族的战争史"[5] 等诸如此类，教科书中比比皆是。

何炳松虽然意识到地理之于历史的重要作用，但他并不赞成地理环境决定论。德国黑格尔主张地理环境决定论，我国的梁启超也赞同这一观点。何炳松大胆质疑，认为历史事实的发生原因绝非仅仅在地理现象中，地理决定社会发展的理论"似大有讨论之余地"[6]。

（二）历史与文学

关于历史与文学的关系，何炳松首先从历史发展的角度阐明

---

1 何炳松.西洋史与他种科目的关系［A］.何炳松著.刘寅生，谢巍，房鑫亮编校.何炳松论文集［C］.北京：商务印书馆，1990：66—67.
2 何继润.浅论何炳松历史教学的学科渗透思想［J］.新疆石油教育学院学报，2005（5）：49—51.
3 何炳松著.刘寅生，房鑫亮编.何炳松文集（第二卷）［M］.北京：商务印书馆，1997：26.
4 同上.
5 同上.
6 同上书，1997：82.

了两者不可分离。他指出，"古代历史，本是文学的一支，就是现在，有文学价值的历史，还是风行的很。""教育界的态度，到如今还是反对文学同历史的分离。"[1] 其次，何炳松认为文学和历史蕴含共同功能，"历史里面亦叙述人类的思想同感情，文学里面亦描写人类的事业。"两者具有相通性。过去的文学作品和史书都可以作为史料，对探究历史事实都具有一定的参考价值。"要从当时的文学或后代的史书，去求事实的记载，那是做得到的。我们的目的可以在于说明著作者个人意见。所得的记载，可以属于一种大概的印象。"[2] 而历史也是有功于文学的，"他能将人类文学上的同他种的事业纪（记）载下来。有时历史本身就是文学。他能说明当日人类的志趣，道德同知识。他能排除成见，明示理想与希望。他能说明人类生活的动力。他是哪（那）个时代空气的一部分。"[3]

虽然何炳松认识到文学与历史的紧密关系，主张历史教学中应该用形象生动的语言等来"活现"过去，但同时他也注意到两者的区别，认为历史是以事实为限的，而文学是以艺术为限的，"他们的精神同目的，根本不同。"[4] 有人主张以传奇、小说等文学方式来教授历史，认为"历史的小说比较历史有趣，比较有生气，可以引学生去读纯正的历史"。[5] 对此，何炳松指出："历史小说中的事实，不真确的居多；赞美小说的人往往没有研究过历史。无论如何，学校中要令学生读历史小说，只能以 Clarinda 的话来做根据。

---

1 何炳松.西洋史与他种科目的关系［A］.何炳松著.房鑫亮编校.何炳松论文集［C］.北京：商务印书馆，1990：67.
2 同上书，1990：68.
3 同上书，1990：69—70.
4 同上书，1990：70.
5 同上书，1990：67.

就是无非为他有趣。"[1] 不过，"假使以历史眼光去研究历史，那末（么）真理亦未始非有趣的东西，但是即以文学的眼光去研究历史，亦断不可使历史去仰文学的鼻息。"[2] "以传奇的眼光去研究一段好历史那就坏了。"[3]

由此可见，何炳松反对以单纯文学的方式教授历史，主张历史教学应追求"有趣"，更必须符合求真原则，这在其编写的历史教科书中追求"明白确切"中得到体现。

（三）历史与政治

何炳松指出，历史同政治的关系在史学沿革上看起来如此密切，就好像研究动物同动物学或植物学的关系一样。诚如 Freeman 所说，历史是过去政治的时候，他至少已将过去历史家的普遍习惯，一言说尽了。[4] "向来所谓历史就是政治史，就是现在通史中，大部分还是政治的事实。学校中的历史，大部分就是政治作用，同政治变化的纪（记）载。所以研究历史的目的，往往为预备将来尽政治责任起见。"[5]

何炳松还进一步介绍了欧美学校中的历史与政治的关系。他指出，在欧洲学校中政治学被当成历史的一部分。其中法国的 Bulow 亲王主张教授历史"当以能尽政治的责任同增加政治的知识为第一

---

[1] 何炳松.西洋史与他种科目的关系［A］.何炳松著.刘寅生，谢巍，房鑫亮编校.何炳松论文集［C］.北京：商务印书馆，1990：69.
[2] 同上.
[3] 同上书，1990：68.
[4] 同上书，1990：70.
[5] 何炳松.房鑫亮编.何炳松文集（第二卷）［M］.北京：商务印书馆，1997：85.

目的"[1]。这一态度在欧洲具有代表性。美国该方面意见大都根据七人委员会的主张:"假使历史同政治学合同教授起来,不但可以省时,而且可得良果。"[2]而五人委员会则力主两科分开,主张将中学第四年教授历史的时间,同政治学平分,同年并授。对于七人委员会、五人委员会历史与政治是否分开教授的问题,何炳松并没有提出自己的立场,也没有对如何将政治知识渗透于历史教学进行具体阐述,但这些介绍为他人的进一步探讨提供了参考。[3]

三、历史学科渗透的注意点

(一)坚持历史为"中枢",避免丧失历史学科性

历史同地理、政治、文学、算学、物理等多门学科都有着密切的关系。在历史教学中应该将各种科目结合起来。何炳松指出,"将他们(各门学科知识)不分畛域融会贯通起来;或者择定一种科目为一个中心,将其他科目附上去。第二个方法用的最多。"[4] "据我们所抱的历史观念同教授历史的观念看起来,除非科目支配,以历史为中枢,要使历史同他种科目生出密切关系来,是不可能的。历史有作中枢的权利,"[5] 对于各种科目应该用"历史的眼光"去研究它。推演到历史教学,也就是必须以"历史"为中

---

[1] 何炳松.西洋史与他种科目的关系[A].何炳松著.刘寅生,谢巍,房鑫亮编校.何炳松论文集[C].北京:商务印书馆,1990:70.
[2] 同上.
[3] 何继润.浅论何炳松历史教学的学科渗透思想[J].新疆石油教育学院学报,2005(5):49—51.
[4] 何炳松.西洋史与他种科目的关系[A].刘寅生,谢巍,房鑫亮编校.何炳松论文集[C].北京:商务印书馆,1990:66.
[5] 同上书,1990:70.

心，用历史思维方法理论去展开教学。这对我们当前的历史教学具有一定的启示意义。当前，由于受到课程综合化、学科渗透思想的误读、学科教育性质认识混乱等影响，我国的历史教学一定程度上丧失了学科特性，如：在进行"古代中国的科学技术与文化"教学的时候，有历史教师为体现学科渗透思想，在课堂上对冶铜的工序进行详细讲解，并组织学生展开探究，足足花费了20分钟，这样的课忽略了"历史性"，似乎已经变成了物理课。[1] 历史教学必须以历史为中心，如"历史上的地理根据，应该在历史上说明"，[2] 着眼于历史学科专业知识，从历史的视角去开展教学，才能维护历史教学的"学科性"。

但何炳松也意识到"各种科目，各有事实，各有作用，非专心研究不为功"，不能为了渗透而刻意渗透，"一定要牺牲某种科目去迎合他种科目，那是不十分妥当的。"[3]

（二）主张历史无因果，避免引入他学科方法的盲目性

何炳松较为注重历史与其他学科的关系，也希望从其他学科中汲取养料来发展历史。但他并不是赞同所有其他学科都可以与历史相得益彰。他指出，当时史学界通史编纂者，"彼曾习统计学者，以为研究历史应用统计法焉；彼曾习生物学者，以为研究历史应用进化说焉；彼曾习自然科学者，以为研究历史应用因果律焉；彼曾习经济学者，以为研究历史应用经济史观焉；彼曾习论理学者，以为研究历史应用分类法焉……"，然而，"试细考上述之各种方

---

1 张天明.如何看待新课程改革中学科教育的"学科性"[J].教育研究与实验，2014（4）：42—46.
2 何炳松.西洋史与他种科目的关系[A].刘寅生，谢巍，房鑫亮编校.何炳松论文集[C].北京：商务印书馆，1990：67.
3 同上书，1990：72.

法,或偏而不全,或似是而非。"[1]究其原因,是由于社会发展进化是没有因果的,"盖统计法所能为力者充其量仅物质状况或人类行为之外表而已,而非社会演化之真因也;真因惟何?即人类内心之动机是已。"[2]"殊不知自然科学与史学虽同以实质为根据,然两方研究时观察点绝不相同。前者对于实质抱一种通概眼光研究而组织之,以求得因果定律为止境;后者对于实质则抱一种求异眼光研究而组织之,旨在求得社会演化之浑仑。"[3]由此也可推知,何炳松基于历史无因果,反对在中学历史教学中盲目地运用西方史学方法中的统计法、自然科学法等方法来促进历史教学。

---

[1] 何炳松.通史新义[A].刘寅生,谢巍,何淑馨编.何炳松纪念文集[C].上海:华东师范大学出版社,1990:9.
[2] 同上.
[3] 同上书,1990:10.

第七章　何炳松历史教育思想的地位

对何炳松历史教育思想的发展历程和主要内容进行较为翔实的梳理和分析，是正确认识和评价何炳松历史教育思想的必要前提，也是合理地分析和吸收何炳松历史教育思想的必备基础。在对何炳松历史教育思想的发展历程和主要内容进行研究后，此处再对何炳松历史教育思想的地位进行探讨。

第一节　思想为当时的国家课程标准所吸收

1928年，当时国民政府的教育体制也逐步迈入正轨。该年秋，何炳松接受了"中小学课程标准起草委员会"的委托，由他主持与陈训慈、顾颉刚三人起草《初中历史课程标准草案》。因当时顾氏在广州，所以这项工作实际上由何、陈二人完成。

该《课程标准草案》几经修改，但基本框架和内容没有太大变动，后被教育部定名为《初级中学历史暂行课程标准》，于1929年颁布实施。1929年《初级中学历史暂行课程标准》在很大程度上体现了何炳松的历史教育思想及其思想倾向。

第一，该《暂行课程标准》"目标"的大部分内容体现了何炳松历史教育目的观，只是表述有所不同。1929年《初级中学历史暂行课程标准》的目标如下：

（一）研求中国政治经济变迁的概况，说明近世中国民族受列强侵略之经过，以激发学生的民族精神，并唤醒其在中国民族运动上责任的自觉。

（二）研求重要各国政治经济变迁的概况，说明今日国际形势的由来，以培植学生国际的常识，并养成其远大的眼光与适当的国际同情心。但同时仍注重国际现势下的中国地位，使学生不以高远的理想，而勿忘中国民族自振自卫的必要。

（三）研求各国重要民族学术演进的概况，与中国学术文化演进的经过，使学生略知现代人类生活与文化的由来。

（四）对于中外各时代的政治状况，特别注意说明现代民权发展的由来，以树立学生政治训练与运用民权的基础。

（五）对于中外各时代之经济状况，特别注意说明现代经济状况与重要社会问题之由来，以阐明民生主义之历史根据，并促进学生对于民生问题之注意与了解。

（六）由历史实例的启示，培养高尚的情操，服务人群与精进不息的精神，并增进其观察判断的能力。

（七）使学生明了近代科学对于物质文明及社会进化的贡献。[1]

---

1 课程教材研究所. 20世纪中国中小学课程标准·教学大纲汇编·历史卷［G］. 北京：人民教育出版社，2001：21.

这当中，"研求中国政治经济变迁的概况，说明近世中国民族受列强侵略之经过"，"研求重要各国政治经济变迁的概况，说明今日国际形势的由来"和"研求各国重要民族学术演进的概况，与中国学术文化演进的经过，使学生略知现代人类生活与文化的由来"，基本上就是何炳松关于"帮助明白现状"这一历史教育目的的具体阐发。"唤醒其在中国民族运动上责任的自觉"和"激发学生的民族精神"，与何炳松历史教育目的中"推进民族复兴"的精神相一致。"增进其观察判断的能力"和"精进不息的精神"则是何炳松"培养人的智慧"这一目的的表现。

第二，历史教学方法方面。该《课程标准》中提出，"惟欲引起学生的兴味与注意，讲演法尤宜运用有方，如酌用故事式讲述，应用图片，插入问答，提出特殊问题等。"[1] 还提倡"应用地图图表图片"和"历史古迹的访问"等[2]，这是何炳松"活现过去"教学原则的运用，通过图片地图、历史古迹及教师的陈述等方面来活现过去，以增强学生对历史的感知和兴趣。《课程标准》中强调了教师的指导作用，对参考书"教者都须与以充分之指导"，[3] 对学生阅览报纸杂志，"教者亦当与以适当的指导。"何炳松对"问答法"、"互助法"和"指导法"进行过比较分析，并表示自己对"指导法"最为赞赏。《课程标准》中要求"注意比较联络"，"教者不但须注意前后的比较与联络，并当随时谋中国史与外国史的比较与

---

1 课程教材研究所.20世纪中国中小学课程标准·教学大纲汇编·历史卷［G］.北京：人民教育出版社，2001：27.
2 同上书，2001：28.
3 同上书，2001：27.

沟通。"[1] 历史比较法也是何炳松历史教学中很注意的一点。这些说明，何炳松的教学思想很大程度上已经在该《课程标准》中体现出来。

从上面的比较中我们可以看出，何炳松的历史教育思想较为直接地被当时的国家课程标准所吸收。而国家历史课程标准是人们进行历史教学和编撰历史教科书的依据，也对人们研究历史教育问题产生很大影响。由此可见，何炳松历史教育思想在当时历史教育界有着相当的地位和影响力。而1929年的课程标准又是此后历史课程标准修订的蓝本。1932、1936、1940、1948年国民政府先后四次修订了课程标准，这些课程标准中的主要思想都与1929年的《课程标准》相近，课程目标、课程设置和课程安排上也没有多大变动。一方面，这反映了"国民党政府在教育上缺乏进取革新精神，因循守旧"；[2] 另一方面，也可见何炳松历史教育思想对民国时期历史教育有着深远影响。

早在30年代，何炳松还亲自编著《复兴教科书高中外国史》（上下两册）及《复兴教科书初中外国史》（上下两册），为当时全国中学的外国史课程教学所普遍采用。这是我国开始设置外国历史课程以后由中国学者自己编写的第一套中学外国史教材。他在复兴初级中学教科书《外国史》的"编辑大意"中写道："旧式外国史总以欧洲一洲为中心……本书很想用综合的眼光，把东西史家向来轻视的西部亚洲史，给以相当的地位。"[3] 主张编写外国史要摒弃"欧洲中心论"，恢复西部亚洲应有的地位，力求客观地反映历

---

1 课程教材研究所. 20世纪中国中小学课程标准·教学大纲汇编·历史卷[G]. 北京：人民教育出版社，2001：27.
2 聂幼犁. 历史课程与教学论[M]. 杭州：浙江教育出版社，2003：60.
3 刘寅生，房鑫亮编. 何炳松文集（第五卷）[M]. 北京：商务印书馆，1997：3.

史发展变化的真实面貌，表现了何炳松在史学方面的远见卓识和科学态度，体现出他的历史教育思想和改革精神。更难能可贵的是，何炳松在任职商务编译所所长的繁忙工作中，还欣然接受"中小学课程标准起草委员会"的委托，由他主持与顾颉刚（后因远在广州，未及参加）、陈训慈共同负责起草《初级中学历史课程标准草案》。由此，为我国中学历史课程在教学目标、课时分配、教学内容、教学方法和作业设计等方面逐步趋向规范化、体系化、科学化奠定了理论基础与实施细则，以后虽几经修订，但基本框架和内容没有太大的变动。《初级中学历史课程标准草案》制定于1928年秋，由陈训慈执笔发表于1929年3月《文学杂志》创刊号上（该杂志为中国史学会编，双月刊，在南京出版发行，1931年4月后停刊）。据陈记述，在具体起草过程中，何炳松提出的诸多见解，使他颇得教益。由于"草案"不属学术著作之列，历来鲜为人知，即使在《何炳松年谱》中也未见收入记载，而这一成果却是关系到育人的千秋大业，关系到历史课程教学的大事，应该说是何炳松对历史教育的主要贡献之一。所谓"课程标准"，即是规定中小学的培养目标和教学内容的文件。清朝末年兴办近代教育之初，在各级学堂章程中有《功课法》，列有课程门目表和课程分年表，这是课程标准的雏形。1912年1月19日，由蔡元培任教育总长的教育部，为对封建主义旧教育进行资产阶级性的改造，采取的第一个措施就是发布《普通教育暂行课程之标准》，具体规定了课程内容方面的改革法令，拟定了初小、高小、中等学校和师范学校学习的科目及各学年每周各年授课的时数等。此后，课程标准一词沿用了约40年。完整的课程标准一般包括总纲和分科课程标准两部分。总纲规定学校教育的总目标、学科设置、各年级各学科每周教学时数表和教学通则等。分科课程标准规定各科教学目标和教材纲要、教学要点和教学时间的分配、基本的教学设备和教学方法及应注意的事项，新中国建立后，改为学校教学计划和分科教学大纲。就其内容看，学校教学计划大体类同课程标准的总纲部分，分科教学大纲相当于分科课程标准。21世纪以来，我国在改革中小学教育及编写九年义务教育的教材中，又重新采用课程标准的做法。

《初级中学历史课程标准草案》共分教学目标、时间分配、教材大纲、教法要点、作业要项、毕业标准六大部分。教学目标是预期的、基本的教学成果和规格，是学科课程标准的核心部分。《草案》在该部分规定有六点："1.研究中国政治经济变迁之概况，说明近世中国民族受到列强侵略之经过，以激发学生之民族精神，并唤醒其在中国民族运动上责任之自觉。2.研求世界重要各国政治经济变迁之概况，推明今日国际形势之由来，以灌输学生国际的常识，并养成其适当的国际同情心。3.研求世界主要民族学术文化演进之概况与中国学术文化演进之经过，使学生略知现代人类生活与现代文化之由来，并激起其继承先业与世界人类共谋进步之精神。4.对于各时代之政治状况，特别注意现代民治发展之由来，代议制之流弊，以促进学生对于政治之注意力，并辅助其良好公民习惯之训练。5.对于各时代之经济状况，特别说明现代经济组织与重要社会问题之由来，以揭露资本主义之流弊，阐明民生主义之历史的根据，并促进学生对于民生问题之注意与了解。6.由历史实例的启示，培养高尚的情操，服务人群与精进不息的精神，并助成其观察事实，判断事实与解决问题的能力。"[1] 目标之明确，观点之鲜明，要求之恰当，层次之分明，可说是达到了无可非议的境地。它既指明了历史是一

---

[1] 课程教材研究所. 20世纪中国中小学课程标准·教学大纲汇编·历史卷 [G].
北京：人民教育出版社，2001：27—28.

个发展变化的过程，又强调了古今历史互为联系的因果由来，还提出引导学生学习历史"服务人群"、"培养高尚情操"与"解决问题的能力"的要求。尤其是"目标"中指出的"激发学生之民族精神"及"养成其国际同情心"，实为"现代民族生存之要素"，树立"互助合作的国际观念"之必需，用现在的话说就是要培养学生的爱国主义和国际主义精神。这些规定不仅符合历史学科的特点，而且富有时代感，在历史教育上是一个很大的进步。

在"教材大纲"部分中，除了分别规定中国史、世界史的具体内容纲目外，还提出了各自第一课的绪论内容要求。中国史的绪论课主要讲授"中国史之意义"和"中国史的鸟瞰"；世界史的绪论课主要讲授"史学之意义与功用"和"世界史之范围"。通过绪论课教学，旨在帮助学生明确学习历史的目的和意义，端正学习历史的态度，初步了解中国史和世界史的基本线索，这对引导学生日后学好历史是十分必要的，同时也符合学生的一般认识规律。为什么将"史学之意义与功用"列为世界史大纲之首，而对中国史则规定仅讲"中国史之意义"，其用意在于顾及学生的年级层次与接受能力，因为初中三年级已掌握中国史的知识基础，学生在理解上自会比较容易些。这种从学生的年龄特征和教学的实际效果出发来考虑安排教材内容纲目，体现了学习心理的科学认识，很有可取之处。

"草案"对于"教法要点"的规定，并不是就事论事，就方法谈方法，而是首先强调要"引起学生兴趣而收其应有之成效"，这一教学思想再清楚不过地指明了教学方法必须服务于教学目标和效果这个重要问题，也只有如此，才可能正确运用教学方法，不断提高教学质量。正因为如此，"草案"所列的十个方面教法，至今仍不失其重要的参考价值。如：1.增添教授上之设备与其应用。这是进行历史直观教学所必需的，也是增强学生的感性认识所必要的。2.教材之支配与补充。教学中总是需要补充一些教材，补充什么教材，很值得教师研究一番。"草案"提出主要是补充课本上未及编写的，而又是最近发生的需要让学生了解的重大事件材料，这确是切合历史教学的目的要求。3.讲述法。这是历史教学常用的基本方法，尤其对初中学生应"以讲述法为教授之中心"，但也要注意在"中间插入问题，使学生共同参与，以集中学生之注意力"。这就把教师的教和学生的学双向活动沟通起来了。4.比较与联络。要求教师讲课时，不仅要注意与前面已学过的知识进行联系和比较，"必要时尤当谋中国史与世界史之沟通"。这种方法有助于学生将所学知识形成系列化，成为科学的历史知识。5.纲目法。就是将教材内容整理成提纲，讲授中边整理边说明，既便于学生掌握教材要领，又能训练学生整理知识的能力。6.配合时事报告与解释。其目的是加强历史与现实的联系，帮助学生学习历史"可知时事之由来"，注意时事则"可明了历史之功用"的一种好方法。具体做法是：在讲授中国史时，可适当结合国内发生的某些大事"加以解释"；而在讲授世界史时，可适当配合报告"国际重大变故"，并"加以解释"。不难看出，按此方法必能增强"学生对现代问题的注意力与了解"，对于指导学生日常的"阅报与阅览杂志"也会有所帮助。7.组织历史古迹考查旅行。其中还设想可将此类活动和地理教学活动适当结合一起进行。8.指导阅读参考书。这是深化课堂教学内容、扩大学生知识面的重要一环，需要经常加以组织指导。9.问题法。宋人朱熹说："读书无疑者须教有疑。""有疑者却要无疑"。学生的学习过程实质上是一种提出问题、分析问题、解决问题的过程。学习历史更是如此。历史教学采用问题法，一则可以避免教与学"往往偏重记忆而忽略理解"的弊病，另则可以引导学生在"试用"中加深理解，在理解基础上强化记忆。10.笔记与短文的练习。[1] 要求教师在课内和课外都应注意"训练学生整理史实与作述的能力"。以上十个方面，既包含了历史教学需要完成的知识传授、思想教育和能力培养的任务，又阐明了完成这些任务的实施保证，即便在今天看来，仍有它的现实意义，而且又是我们现在所大力提倡、为之努力的，至于它对当时历史教学的指导作用和实际效果也就可想而知了。第五部分的"作业要项"，"草案"围绕教学过程的主要环节，分别规定了预习与复习、课堂笔记、试作纲要、试作历史地图与图表、读书笔记与试作短文、试行时事报告、古迹考查旅行报告及结合重大纪念日和名人诞生纪念日的集会、活动，组织学生试作讲演或作听讲笔记等项。这样，就把课堂教学与课外活动、理论知识与社会实践很好地结合了起来，有助于调动学生学习的主动性和积极性。[2]

为了有效地检查测定教学质量和教学效果，"草案"在最后的第六部分还专门规定了统一的检测标准，即"毕业标准"。历史的内容包罗万象，无限丰富，领域十分宽广，即使是初中历史教科书也包括有政治、经济、军事、文化，人物、事件以及各个国家等众多方面的历史内容，然而要求中学生尤其是初中学生掌握的历史知识却不能如此广泛具体，只能按照"教学目标"规定，以一个初中毕业生必须达到而又是可能达到的历史学业要求，提出比较切合实际的最低限度的检查标准，作为测定的统一尺度。从"草案"所列的六条标准来看，显然是颇为深思熟虑的，不仅要求恰当，重点突

---

1 课程教材研究所.20世纪中国中小学课程标准·教学大纲汇编·历史卷［G］.北京：人民教育出版社，2001：27—28.
2 金相成.何炳松对历史教育的贡献——兼论《初级中学课程标准草案》［J］.课程·教材·教法，1994（4）：28—30.

出,而且在要求掌握的层次上还分列"明了"、"略知"两方面,这就把一般的历史过程和重要的历史事件应该掌握到什么程度加以区别开来,避免学习中的主次不分、死记硬背的现象。

第二节 历史教科书影响广泛而深远

历史教科书集中体现了编撰者的历史教育思想,历史教科书的影响一定程度上体现了编撰者历史教育思想的历史地位。何炳松所编译编撰的大学、高中、初中历史教科书都具有广泛而深远的影响。他编译的大学教材《中古欧洲史》(1924初版)、《近世欧洲史》(1925初版)为1920年至1922年何炳松在北大和北高师史学系执教时所用的讲义,经过整理而成,于1924年10月和1925年8月相继出版,至1930年《中古欧洲史》已增订第五版,《近世欧洲史》第六版已问世,而北大和北高师当时在我国教育界的地位,也不难让我们想象这两本书的影响力。1929年初版《新时代外国史教科书》,作为高级中学的历史课本是何炳松所编的第一部中学历史教科书。时人评价:"商务印书馆由王云五、何炳松等编辑新时代教科书一套,自小学至高中无不齐备,均先后经大学院及教育部审定,风行全国"。[1] 而《复兴教科书高级中学外国史》和《复兴教科书初级中学外国史》则是当时全国中学普遍采用的外国史教材,并多次重版,《复兴教科书初级中学外国史》(上、下册)"印行106

---

[1] 郑鹤声.三十年来中央政府对于编审教科书的检讨[J].教育杂志,第七卷.第二十五号.

版之多"。[1]由此可见，何炳松的这些历史教科书在当时的影响是非常广泛的。

何炳松所编撰的历史教科书发行量之大还只是何炳松历史教育思想地位的一个方面，更为重要的是这些历史教科书中所体现的思想，足以支撑起何炳松历史思想的地位。

第一，何炳松首次提出反对"欧洲中心论"的思想，具有前瞻性。1933年5月1日，何炳松在《复兴教科书高中外国史》的"序言"中就明确提出摒弃"欧洲中心论"。而"欧洲中心论"的历史观点直到20世纪50年代末才受到国内史学界的普遍批判。

第二，何炳松历史教科书中的指导思想以进化总体史观为指导，较同时代人所主张的进化论更进步。进化论在19世纪末由严复引入中国，20世纪初，梁启超等人以进化论为武器倡导了"史界革命"，对中国史学产生了振聋发聩的影响，自此之后，进化史观成为许多史家信奉并自觉使用的基本观点。很多学者编撰历史教科书都是以进化史观为指导。如：夏曾佑在1904—1906年间撰述完成了《中国古代史》（原名《最新中学中国历史教科书》），这部书就是以进化史观为指导，旨在"总以发明今日社会之原为主"。[2]吕思勉撰写的《白话本国史》（1923年出版），是我国历史上第一部用白话文写成的新式通史，它也是以进化史观为指导。而何炳松编撰历史教科书的指导思想则是进化总体史观。它主张人类历史是"演进"的历史，人类的历史是"综合"的历史，重视历史的宏观联系。他是以进化史观为基础，但又比进化史观内涵更为丰富、全面。

---

[1] 司琦.何师炳松校长六种专著述要［A］.何炳松纪念文集.刘寅生，谢巍，何淑馨.何炳松纪念文集［C］.上海：华东师范大学出版社，1990：82.

[2] 夏曾佑.中国古代史·凡例［M］.石家庄：河北教育出版社，2000：1.

第三，对世界史分期的探索为后人长期沿用。1913年商务印书馆出版了我国自编的第一部中学世界史（外国史）教科书，即傅运森编的《共和国教科书西洋史》。该书将世界史划分为上古史、中古史、近古史、近世史四大时期。而何炳松在《复兴教科书初中外国史》中将人类从古至今的历史分为上古史、中古史、近世史、现代史四大时期，这四大时期的名称为我国后来的大部分世界史教科书长期沿用，即使出现一些变动，也只是将近世史改为近代史。

第三节 初步构建我国近代历史教育学科体系

钟启泉先生认为，学科教育由四大基本要素构成，即教育目标、教学内容、教学方法和教学评估。[1]一门学科只有同时具备了这四大要素，其学科体系才能建立起来。这四大要素是一个相对宽泛的概念，在实际操作中，人们往往将与之类似或相关的概念归入其中或与之相对应。如于友西将历史教育的本质、功能、历史教学的任务与"教育目标"想对应，将历史课程设置与发展、历史教材归入到"教学内容"部分，将历史教学与"历史教学方法"相对应，将教学评价与"教学评估"相对应，[2]等等。

我国历史教育学科体系在何炳松之前尚未建立。1903年清政府颁布的《奏定学堂章程》规定了历史课是中学堂必须开设的12门课

---

1 钟启泉.现代学科教育学的概念、使命和发展[J].课程·教材·教法，1997（5）：2—5.
2 于友西，叶小兵，赵亚夫.历史学科教育学[M].北京：首都师范大学出版社，1999：26—27.

程之一，标志着我国历史教育作为一门独立的学科正式确立，但学科体系的形成并非同步。梁启超、夏曾佑、傅运森、柳诒徵、赵玉森、陈衡哲、徐则陵、吕思勉等都为我国历史教育体系的发展做出了很大贡献。

夏曾佑编著了《最新中国历史教科书》，该书在体系上初步打破封建史学体系，不再为封建帝王将相立谱，而是政治、经济、文化、外交等都有所反映，内容上详近略远。他所开创的章节体写史体裁，用进化论思想写出了我国近代第一部真正称得上中国历史的教科书，他的探索在于教科书的建设方面。柳诒徵编写过《历代史略》教科书，并在教学上也有一些探索，他主张将书本教育与实物古迹、乡土地理、公民教育结合起来。[1] 吕思勉也编过教科书，如《白话自修本国史》，他在教学上也有一定的探讨，主张课内讲求"高深之学理，以浅显之言出之"，认为这种深入浅出的教学方法更有助于学生的理解与领悟；他还主张在课外应经常与学生定期晤谈，认为这是推进学术研究和奖掖后进的主要方法之一。[2] 这些学者对历史教育问题不乏真知灼见，但他们的历史教育思想还只是涉及历史教材和历史教学两大方面，离建立一套历史教育学科体系还有较大差距。

应该说，在何炳松之前的历史教育家中，梁启超对历史教育的探讨涉及面最广。在历史教育的目的上，梁启超指出历史教育"以'养国民精神，发扬其爱国心'、'国民精神教育'为主要宗

---

1 中华教育改进社第一届年会分组会议历史教学组记录.中小学历史教学的意见[J].新教育，1922年4卷3期.
2 孙敏震.吕思勉先生历史教学思想与实践述论[J].淮阴师范学院学报[哲学社会科学版]，2003（6）：758—761.

旨"[1]。在教材编写上，梁启超对历史教科书的指导思想，历史教科书的内容选择等均有一定的探讨。他还于1922年发表了《中学国史教本改造案并目录》一文，主张以文化史代政治史，以纵断史代横断史，主张将中国全史纵断为年代、地理、民族、政治、社会及经济、文化等六部；在教学方面，梁启超反对死记硬背，提倡"狮吼式"教学法，注重实物或模型、口碑材料的运用。虽然梁启超在历史教育目的（目标）、历史教材（历史教学内容）、历史教学方法上均有一定的探讨，但他的历史教育思想中没有关于历史教育评价的内容，而评价是历史教育学科体系中的必要构成要素。因而梁启超的历史教育思想还不能说已经建立起历史教育的学科体系。

而何炳松历史教育思想已经具备了学科教育的四大要素，这就构建起我国历史教育学科的基本框架，而且该思想在教学和教材内部各自具有一定的体系性。

何炳松的历史教育思想已涉及历史教育目的、历史教材、历史教学、历史教育评价等诸多方面。根据于友西的思路，历史教育目的可对应"教育目标"，历史教材可对应"教学内容"，历史教学可对应"历史教学"，历史教育评价可对应"教学评估"。因此，何炳松的历史教育思想完整地包含了历史教育的目标、历史教育的内容、历史教学的方法和历史教学的评价这四个基本要素。相对于梁启超的历史教育思想来说，何炳松的历史教育思想增加了历史教育评价这一部分，但正是这一部分使得何炳松的历史教育思想较完整地构建起现代历史教育的学科体系。何炳松认为考试是历史教学、教育中一个必不可少的组成部分，"学校的考试不但应该占据

---

[1] 龚郭清.梁启超新史学与国民教育[J].浙江师范大学学报（社会科学版）：1994（3）：69—73.

教授法上一个重要位置，而且应该占据教育上的一个重要位置。"[1]需要指出的是，由于时代的局限，何炳松还只是采用"考试"一词来论述评价，但他所说的考试的内涵实际上已超出了现在所说的考试范畴。何炳松提出评价的内容不仅仅局限于知识的检测，更主要是对学生能力的检测；评价的方式不可过于单一，应多种方式相结合；评价的功能，在于促进学生学业上的进步，更在于促进学生能力的提升，适应社会的挑战。这些都是难能可贵的。何炳松对历史教育评价展开了积极探讨，就其行为本身来说已具有非同寻常的意义，更何况何炳松在这一方面已经有了一些独到精辟的见解。何炳松对于考试（教育评价）的探索，拓展了历史教育研究的领域，实际上构建起我国现代历史教育学科的基本框架。

何炳松历史教育思想在历史教材和历史教学上还具有内部的小体系。在历史教学上，何炳松探讨了历史教学的目的、历史教学的原则、历史教学的入手途径、历史教学的方法、历史教学的资源、历史教学的评价等方面。每一个方面又不是孤立的存在，而是相互联系的整体。从大方向的把握到具体事项的统筹都有所考虑。他认为历史教学的根本原则是"活现过去"，可以通过"亲临其境"、"设身处地"、"教师口头说明"、"种种人为的东西"等方式来实现。他提倡历史比较法和"动的"教授法。"动的"的教授法又可以分为问答法，互助法和指导法等具体方法。由此可见，何炳松对历史教学内部探讨也是相当系统的。

对历史教材的探讨，包含编撰历史教材的指导思想，历史教材的取材标准、历史教材的表达、历史教材的体例、教材内容的详略

---

[1] 何炳松.历史教授法[A].刘寅生，谢巍，房鑫亮编校.何炳松论文集[C].北京：商务印书馆，1990：378.

安排、中外史的划分等多个方面,以及对教师如何选择历史教材,如何选择和使用历史参考书也有不少论述。这些论述是相当完整而丰富的。何炳松对历史教材内容的探讨是全面的,可以构建起其内部的小体系。

从上述内容来看,何炳松在历史教育的目的、历史教育的内容、历史教学和历史教育评价方面均有探讨,涉及的范畴已经相当全面,尤其是对历史教材和历史教学两大方面的探讨已经相当完备。何炳松历史教育思想的总体框架已经确立,而且其内部又各具体系。因此,可以说,何炳松是推动我国近代历史教育学科体系建立的第一人。

从实践来看,何炳松曾担任过北京大学、北高师等大学历史教师和浙江一师等中学历史教师,多次参与课程标准的研制,多次去教育一线进行教育调查。从理论来看,何炳松译介了大量的西方史学、教育、历史教育等方面的外国论著,如美国鲁宾逊的《新史学》、约翰生的《历史教学法》,并在批判吸收这些论著所含思想的基础上撰写了诸如《历史教授法》《西洋史与他种科目的关系》等大量历史教育论文,编撰了《中古欧洲史》《近世欧洲史》等大学教材和《复兴教科书高级中学外国史》《复兴教科书初级中学外国史》等中学历史教科书,提出了很多具有创建性的观点,构建了较为体系化的历史教育理论。既有如此丰富的历史教育经历,又有如此厚实的历史教育理论成果,这在当时是梁启超、顾颉刚、吕思勉等学者难以企及的。因此可以说,何炳松是史学家关心并积极参与中学历史教育的典型代表,是我国近代历史教育的开拓者之一,是推动我国近代历史教育学科体系建立的第一人,是我国近代最伟大的历史教育家。

第八章　何炳松历史教育思想的启示

通观何炳松历史教育思想，具有如下几个鲜明的特点：其一，就其形成来说，该思想主要是在对外国理论进行本土化的过程中形成；其二，就其本身来说，该思想主要是从历史自身出发来探讨历史教育问题，具有鲜明的学科特色。第三，就历史教育各阶段来说，何炳松非常注重各个阶段历史教育的衔接性。这三点对我们现在的历史教育来说具有很大的启发意义。

第一节　历史教育的本土化

历史教育的本土化是指引入、借鉴外来理论和方法对我国历史教育现象进行研究、分析，并在此基础上产生新的理论、概念和方法的过程。何炳松历史教育思想很大程度上是在对外来理论进行本土化的过程中逐步形成和发展的。何炳松译介了大量的史学、教育、历史教育等方面的外国论著，并在批判地吸收这些论著所含思想的基础上撰写了大量的历史教育论文，制定了课程标准，编撰了大学教材和中学历史教科书。这一系列理论和实践活动较为完整地向我们展示了一个历史教育家将外国理论进行本土化所做出的努力。何炳松有关历史教育本土化的这些探索，对当前我国历史教育的发展来说有如下方面值得借鉴。

一、本土化仍是当前历史教育发展的重要策略

何炳松对历史教育的本土化是一种基于现实的选择。当时的中国，脱胎于封建社会不久，在那样的一种文化背景下，要产生出具有原创性的现代历史教育理论是相当艰难的。何炳松指出，"在现代的世界，我们倘使单去提倡国学与民族恐怕有点不够。我们倘使真抱救国救民的宏愿，恐怕非从努力介绍西洋各种自然科学和社会科学入手不行。"[1] 这说明，何炳松已经意识到，在当时的情况下历史教育要求得以发展，只在中国文化内部寻找历史教育发展的因子，是远远不够的，还必须引入西方先进的理论不可。事实证明，何炳松采取本土化策略是非常成功的。何炳松历史教育思想内涵丰富，具有很强的体系性，很大程度上是由于吸取了美国鲁宾逊的新史学思想和约翰生的历史教育思想。何炳松选择引进西方先进的理论来发展我国的历史教育，是符合当时时代需要的。相对于何炳松所处的时代来说，我国目前的历史教育已经取得了不少进步和发展，也有了很多自己原创性的理论，但是和很多国家相比，我国历史教育总体上还处于弱势，很多方面还必须向他国学习。当今世界正是全球化的时代，各国之间的对外交流日趋频繁，在这样的背景下，各国的历史教育发展得很快，有更多的东西值得我们借鉴。历

---

1 何炳松.中华民族起源之神话［A］.刘寅生，房鑫亮编.何炳松文集（第四卷）［M］.北京：商务印书馆，1997：305.

史教育发展中出现的很多问题,仅靠自己的摸索,有时花费了很多的时间和精力也难以解决,而借鉴则是解决问题的便捷途径之一。因此,我们还必须将本土化作为我国当前发展历史教育的重要策略。

二、力求真实地引入和介绍外来理论

本土化必经的一个阶段就是译介(翻译和编译)。我们引入这些外来历史教育的概念、方法、理论时,必须高度重视在译介过程中的真实性。目前历史教育界对于这一问题还不够重视,这就需要我们在译介时注意如下方面的内容:

第一,翻译者必须忠实地翻译原文。翻译的过程是两种语言的转换过程,而语言是民族的语言同时又是个人的语言,它烙上了强烈的民族色彩,还带着作者个人的风格。翻译时就不仅仅是两种不同语言与语言间的一一对应,而是作者和翻译者之间进行思维上的交流与对话。何炳松在这一方面就为我们提供了不少思路。他认为翻译的过程必须忠实于原文,这忠实于原文是指在充分理解基础上的一种翻译,而不是对原著刻板地硬译。在《历史教学法》翻译完成之时,令何炳松自己感到欣慰的一个重要方面就是"译文自信尚还忠实"。[1]《历史教学法》较为忠实的翻译,是它在我国历史教育界产生了很大影响的重要原因之一。

第二,要求真实地介绍所翻译的内容。对翻译作品进行宣传和介绍是将该理论本土化的一个重要策略。译者在向国人介绍自己翻译的文章时应如实地反映所翻译的内容。不能将自己个人成见夹

---

1 何炳松译.历史教学法[A].刘寅生,房鑫亮编.何炳松文集(第三卷)[M].北京:商务印书馆,1996:505.

杂在里面，误导了读者对这本著作的理解和看法。何炳松自己在翻译完《历史教学法》时没有为此书写导言，就是考虑到了这一点。"译者很怕做导言的时候，容易将个人的成见参杂进去，反使真相不明，贻误读者。"[1] 由于任何理论都产生于一定的文化背景中，不同的文化背景中，理论的含义也各有差异。而这一点是我们在介绍翻译的内容时一个重大的缺失，很多人没有意识到外国理论自身的语境特点和中外文化的差异，在引入外来理论的过程中不免失之原味，未能起到应有的效果。

三、应批判性地吸收和接纳外来理论

目前，我国历史教育界缺乏的不是对外国理论的引入和介绍，而是缺乏引入和接纳外国历史教育理论时应有的批判精神和意识。人们对外国历史教育理论的盲目跟随心理依然存在。人们很少甚至根本没有考虑我国历史教育的需要，更多地则是考虑该理论在外国流行与否，热点与否。只要是外国流行的东西就迫不及待地拿来，只要是外国重视的东西我们也必须重视，将外国历史教育发展的目标当成我国历史教育发展的追求。引入这些理论方法之后，对它们是否适合于中国的历史教育，也没有进行仔细的分析、研究和论证，只是不假思索地将这些外国的教育观念当成了救世法宝，直接用来指导和衡量我国的历史教育。这样不加批判地引入外国历史教育理论，一方面无益于外国历史教育理论的本土化。因为这样被引入的理论往往起不到人们所预期的效果，很容易人为地中断理论的

---

[1] 何炳松译.历史教学法［A］.刘寅生，房鑫亮编.何炳松文集（第三卷）［M］.北京：商务印书馆，1996：505.

本土化进程。另一方面也不利于我国历史教育理论的自身建设，不加批判的做法容易养成人们的惰性和依赖性，使人们丧失思考力和辨别力，甚至破坏和消亡我国历史教育理论的自身建设。诚如何炳松指出，"我国学者如再任意援引，不加别择，其危险将与夜半临池同，可不慎哉。"[1]

在历史教育理论的吸收和接纳过程中，我们必须要有正确的态度，吸收是为了更好地发展自己。"我们现在需要的是取人之长，补己之短，而不是盲从他人，毁灭自己。"[2] 对于外来理论不能因其来自外国，"遂奉之为金科玉律也"。[3] 很明显，何炳松对外来理论进行了批判性的吸收。在翻译完《历史教学法》一书时，何炳松就对书中导言部分较为陈旧的历史观提出异议，"我们假使以为新史学派的主张是对，——译者个人很赞成新的——那末我们对于本书前面那篇《编辑者的导言》觉得它太旧了一点，不能不说一句话。这篇导言虽然出诸鼎鼎大名的校长手笔，译者个人却不敢附和他。"[4] 这种批判性的意识，在何炳松推进历史教育理论本土化过程中是相当重要的内容。批判的眼光和意识也正是当今推进我国历史教育本土化急需加强的内容。

四、注意外国理论与本国实际相融合

对历史教育的本土化而言，翻译还只是一个初始过程，移植

---

1 何炳松.中华民族起源之神话［J］.东方杂志.第26卷第二号第91页.
2 何炳松.中国文化西传考［A］.刘寅生，谢巍，房鑫亮编校.何炳松论文集［C］.北京：商务印书馆，1990：312.
3 何炳松.《通史新义》自序［A］.刘寅生，谢巍，何淑馨.何炳松纪念文集［C］.上海：华东师范大学出版社，1990：12.
4 何炳松译.历史教学法［A］.刘寅生，房鑫亮编.何炳松文集（第三卷）［M］.北京：商务印书馆，1996：506.

的过程，至于这一学说能否生根发芽，还得看新的环境能否提供适应它生存的土壤。这不是简单的嫁接，而是融合和渗透，"任何新的教育思想、新的教育理念和先进经验，如果不能根植于民族文化教育传统的土壤上，不能与民族传统的思想、理念和实践相结合，那么，这种思想、理念和经验，即使是先进的，也只能无根地游离于该民族教育之外，而难以引发创新性成果。"[1]在外国和本国的历史教育理论相融合方面，何炳松有两大探索值得借鉴。

第一，立足于本国实际需要介绍外国理论。引入外国理论是为了本民族的发展，其立足点是本国、本土，最终的指向也是本国、本土。何炳松非常强调在引入外国理论时和本国"此时此地的需要"相结合。"中国过去艺术的精彩尽量表现出来，以发扬我们的民族精神；同时也摄取东西洋美术的长处，使中国人的生活方式完成现代化。这样才能使中国的民族文化赶上先进的国家，而同时以中国本位来推动全人类的文明。"[2]何炳松明确提出，"对传统文化和西洋文化应根据我国的需要而去取。"对《通史新义》的编译也是因为它较"吾国固有者为切实而适用"，可"足备国内史家之采择"。[3]何炳松这种观点，其实是针对人们不顾及自身的特点盲目引入，没有用自己的评判标准去选择和吸收而提出的方案。当一种理论被引入时就与本国需要密切相关，若能在实际中产生效能，这样的理论就更容易被接受和吸纳。在这一意义上

---

1 于建福.教育的继承·借鉴与创新［J］.教育学（人大复印资料），2003（5）：20.
2 何炳松.艺术的使命［A］.刘寅生，谢巍，何淑馨.何炳松纪念文集［C］.上海：华东师范大学出版社，1990：30—31.
3 何炳松.《通史新义》自序［A］.刘寅生，谢巍，何淑馨.何炳松纪念文集［C］.上海：华东师范大学出版社，1990：12.

以本国的实际需要引入外国理论，可以为外国理论的本土化提供条件。

第二，尽量在外来理论和传统文化之间找到契合点。任何理论在发展自己时都不是孤立的存在，在外国理论和中国传统文化中找到两者之间的契合点，就可以为外来理论找到异文化的认同和它发展的起点。何炳松认为《通史新义》中的通史义例，能补足章学诚辈的缺憾，这样才有了这一本书的价值。"至于章学诚通史观念之明确，固远驾西洋史之上；然亦终以时代关系，未能以切实之方诏示后世。吾辈生当后代，耳目见闻当有补前人；益以中外交通，万国庭户；则西洋史家通史义例之或能稍补章学诚辈之缺憾者，其可不稍负介绍之责乎？此著者所以不揣固陋有本书之纂述也。"[1] 虽然这是有关史学的论述，但同样适合于历史教育。历史教育理论的本土化过程也就是与在本国的传统文化基础上找到自己生存的位置。只有和本国文化相融合了的外国历史教育理论，才可以称得上是本土化的理论，也只有这样才可能结合中国的文化特点进行创新。

总之，我们在进行历史教育本土化时应注意：第一，我们在引入这些外来历史教育概念、方法、理论时，应该考虑到它们所处的文化语境和语言特点，力求能够真实地引入；第二，应该认真分析我们历史教育的具体情况，找出当前历史教育存在的问题，根据我国历史教育"此时此地的需要"，选择性地引入，批判性地吸收；第三，应该将这些外来概念、方法、理论进一步与我国历史教育的现状和传统文化紧密结合，并在此基础上进一步创新。

---

[1] 何炳松.《通史新义》自序［A］.刘寅生，谢巍，何淑馨.何炳松纪念文集［C］.上海：华东师范大学出版社，1990：9.

第二节 历史教育的学科性

历史教育的学科性是指历史教育具有"历史"的特性，这是相对于纯粹的教育理论和语文、数学、地理等其他学科教育而言的。目前，我国中学历史教育过分关注学生的心理，而在一定程度上忽视了学科的"历史"特性，这已经成为历史教育发展的一大障碍。而何炳松先生较为重视历史教育的"历史"特性，并在该方面进行了积极探索。

一、主张从历史的功用出发来定位历史教育的目的

历史教育的目的是历史教育教学活动的出发点和归宿。在何炳松看来，历史教育的目的与历史的功用是相通的，历史的功用或效用决定了历史教育的目的。"我们明白了历史的功用，就可以明白教授历史的目的。"[1] 在对历史教育目的的探索中，何炳松也确实是从历史的功用出发来定位历史教育的目的。

何炳松指出，历史最大的功用是"有培养智慧之功"。"智慧"主要包括三个方面：第一，历史有利于培养人的质疑意识态度和批判性思维能力。"盖受史法之训练者，辄能遇事怀疑，悉心考

---

1 何炳松.历史教授法［A］.刘寅生，谢巍，房鑫亮编校.何炳松论文集［C］.北京：商务印书馆，1990：368.

证。轻信陋习，借以革除。此研究态度之有益于智慧者一也。"[1]第二，历史可以使人驱除陈见，培养人的国际同情心。"史上所有之社会，文明高下，至为不齐……对于现代人类殊异之风尚，每能深表同情。此驱除陈见之有益智慧二也。"[2]第三，历史有助于培养人明白历史进步的必然性，从而培养人们除旧布新、锐意改革的意识。"历史所述，为古今社会之变迁，及人事之演化。吾人藉此得以恍然于人类社会之消长盈虚，势所必至。革新改善，理有固然。此努力进步之有益于智慧三也。"[3]这些"智慧"在何炳松对历史教育目的的探讨中得以明显体现。如：他指出，历史考试的目的有两个：一是测验记忆力，一是应用知识的能力。而所谓测验应用历史知识的能力，"就是解释地图同图画，解剖文字，搜集材料，解决问题，认明真确的程度，断定史事的性质，发见（现）古今各种状况的异同关系……"[4]这里面显然包含着批判性思维能力。又如：在何炳松参与制定《初中历史课程标准草案》的"目标"中规定："以灌输学生国际的常识，并养成其适当的国际同情心"，"由历史实例的启示，培养高尚的情操……并助成其观察事实、判断事实与解决问题的能力。"[5]这里的"共谋进步之精神"和"判断事实"、"解决问题"的能力，明显都属于何炳松所说的"智慧"。

---

1 何炳松.历史研究法［A］.选自刘寅生、房鑫亮编.何炳松文集（第四卷）［M］.北京：商务印书馆，1997：73.
2 同上.
3 同上书，1997：74.
4 何炳松.历史教授法［A］.刘寅生，谢巍，房鑫亮编校.何炳松论文集［M］.北京：商务印书馆，1990：378.
5 转引自金相成.何炳松对历史教育的贡献——兼论《初级中学课程标准草案》［J］.课程·教材·教法，1994（4）.

此外，何炳松多次指出，历史有"帮助明白现状"的功用。"历史是我们对于人类过去的知识，他（它）的功用在于帮助我们明白我们自己的现状。"[1] 他进而强调，编辑或讲授历史，也"应以说明历史社会状况之进化，使学生明白现代状况如何而来为标准。"[2] 这就明确指出了历史教育的目的也是"帮助明白现状"。

就形成来看，历史教育的目的主要受到政治话语、教育话语、历史话语的影响或支配。在政治话语支配下，历史教育主要是为了国家的政治需要，以实现统治阶级的意志；在教育话语支配下，历史教育从教育的本质出发，主要是为了学生的个人发展；在历史话语支配下，历史教育从历史的功能出发，强调历史教育要实现和充分发挥历史自身价值。何炳松强调从历史功用出发来定位历史教育的目的，这样可以充分发挥历史学的功用和价值，避免使历史教育沦为政治的附庸，而丧失其自身独立性，也可以避开历史教育完全受教育话语的支配，而丧失历史的学科特性。

传统历史教育的目的主要是"垂训"、"资鉴"，只重视为国家和社会服务，而何炳松提出历史教育的目的是为了"培养人的智慧"，从而使历史教育开始关注起人自身，这是一个了不起的进步。同时，它还可以为当前的历史教育提供一个重要的启示：在"历史"中我们也可以找到一些促进学生发展的因子，而不仅仅是"教育"。

---

1 何炳松.历史教授法［A］.刘寅生，谢巍，房鑫亮编校.何炳松论文集［C］.北京：商务印书馆，1990：368.
2 房鑫亮.何炳松年谱［A］.选自刘寅生，房鑫亮编.何炳松文集（第四卷）［M］.北京：商务印书馆，1997：685.

二、强调以正确的史学观来指导历史教科书的编撰

历史教科书编撰的指导思想主要有史学思想和教育思想。前者较为关注教科书的历史知识体系，后者强调学生的学习心理。何炳松编撰的历史教科书主要以先进的史学观为指导。

20世纪初，梁启超等人以严复引入中国的进化论为武器倡导了"史界革命"，对中国史学产生了振聋发聩的影响。自此之后，进化史观成为许多史家信奉并自觉使用的基本观点。很多学者编撰历史教科书都是以进化史观为指导。如：夏曾佑的《最新中学中国历史教科书》（1904—1906年出版）、第一部用白话文写成的新式通史——吕思勉撰写的《白话本国史》（1923年出版）等，都是以进化史观为指导。而何炳松编撰历史教科书的指导思想则是进化总体史观。该史观融汇了诸多思想，包括美国鲁宾逊的新史学思想、法国史家郎格瓦诺和瑟诺波"综合研究"的历史观，以及德国史家朋汉姆的历史具有关联性的主张，还包括中国古代司马迁、刘知己、章学诚等人"通"的理论等，是对古今中外历史学家思想的整合。该史观主张人类历史是"演进"的历史，人类的历史是"综合"的历史，重视历史的宏观联系。他是以进化史观为基础，但又比进化史观更为丰富、全面。

进化总体史观作为编写历史教科书的指导思想，贯穿于历史教科书始终，体现于历史教科书的方方面面。体例结构上，何炳松认为教科书"要'纲举目张'，以文化的演进为经，以过去的事象为纬"[1]；在内容选择上，以"综合研究"四个字来做标准，选取

---

1 何炳松.复兴教科书高中外国史［A］.选自刘寅生、房鑫亮编.何炳松文集（第五卷）［M］.北京：商务印书馆，1997：242.

的内容不仅仅是政治军事史，还包括经济、教育、宗教等人类生活的其他历史；在中外历史界限划分上，何炳松认为应该以"文化的演进"为标准；在教材的详略安排上，应详于世界文化的重心。[1] 可见，何炳松在编撰历史教科书的过程中，将取材的目的和范围、中外历史界限的划分、选材的详略等问题与"演进"二字紧密相联，进化总体史观始终起着重要的指导作用，历史教科书在其指导下，内容安排也具有很强的体系性。

特别需要指出的是，何炳松于1933年在《复兴初级中学外国史》中首次明确提出反对"欧洲中心论"。"旧式外国史总以欧洲一洲为中心；东洋史则以中国一国为中心。欧洲和中国固然为东西两洋文化的重心，不可忽视；但亦不宜偏重。"[2] 该史学观点在他编撰的历史教科书中得到鲜明的体现，教科书中更多地选取了南洋和西亚等地区的历史。长期以来我国的世界史教科书基本上沿用了欧美史学家的观点，采用"欧洲中心论"，即使是中国人所编撰的世界史教科书也受此影响。何炳松同时期中国人所编著的同类外国史教科书，如傅运森《共和国教科书西洋史》、陈衡哲《新学制高级中学教科书西洋史》等，基本上是以"'文化的欧洲'及纯粹欧化的美洲为限"[3]。反对欧洲中心论的观点直到20世纪50年代才受到我国史学界和历史教育界的重视。由此可见何炳松的远见卓识。

历史证明，何炳松将反对"欧洲中心论"和进化总体史观等先进的史学思想融入历史教科书的编撰之中，有力地促进了我国历

---

1 张天明，赵海红.何炳松历史教科书选材思想探析［J］.内蒙古师范大学学报（教科版），2007（8）.
2 何炳松.复兴教科书初中外国史［A］.选自刘寅生、房鑫亮编.何炳松文集（第五卷）［M］.北京：商务印书馆，1997：3.
3 严志梁.我国的历史教育和历史教科书［J］.课程·教材·教法，1995（10）.

史教科书和历史教育的发展。当前我国的历史教科书尤其是初中历史教科书，过分强调教育理论的指导作用，极为重视学生学习的兴趣，教科书内容较为零散，缺乏学科体系，也很少将诸如现代化史观、全球史观、心态史观等先进史学思想真正引入教科书中。因此，为保证历史教科书内容的科学性，我们应该向何炳松先生学习，将新的史学思想和观点不断引入历史教科书中来，以指导历史教科书的编撰。当然，这些新史观的运用一定要以坚持唯物主义为前提。

三、侧重从"历史"入手来探讨历史教学问题

何炳松探讨历史教学问题的逻辑起点是"历史"自身，而非教育理论。当然，这并不意味着何炳松排斥教育理论在历史教学中的运用，而是强调在运用教育原理时不能违背真实的历史和正确的历史观。这在何炳松对历史教授法入手途径的探讨中得以鲜明体现。

何炳松指出，历史教授法比较普通的途径有二：一个是从个人传记入手，一个是从社会全体入手。一般认为从个人传记入手的理由是，"第一，因为个人的传记比较简单，儿童便于领会。第二，儿童对个人有天然的兴趣与同情。第三，知道了古代的好人同坏人，可以生出好善憎恶的心。"[1]这些理由中的"儿童便于领会"、"兴趣"、"好善憎恶的心"表明何炳松完全意识到"从个人传记入手"是符合儿童心理发展规律的。

然而，何炳松对历史教学"从个人传记入手"并不赞同。他认为，"假使以个人为线索，将各种事情附丽上去，亦未始不可。但是一个

---

[1] 何炳松.历史教授法[A].刘寅生，谢巍，房鑫亮编.何炳松论文集[C].北京：商务印书馆，1990：368.

人决不能代表一种大运动。"[1] 在此，何炳松反对从"个人传记入手"的理由是，"个人不能代表大运动"，这正是新史学观点之一。新史学主张社会是群体的社会，个体不能反映社会历史的全貌。因此，何炳松更倾向于从"社会全体入手"来教授历史，其原因就是，"从个人传记入手"所基于的史学观点与他所认同的新史学观点不相符合。

在对历史教授法入手途径的批判选择中，我们不难发现，何炳松倾向于从正确的历史观出发来考虑历史教学问题，而非从学生的心理出发。当教育（学生心理）因素与历史观因素发生冲突时，他宁愿舍弃"教育"，而选择"历史"。关于这一点，笔者认为，何炳松先生是正确的。历史教育学是历史学与教育学相互渗透、高度综合的交叉学科，其中，应当以历史学为主体，历史是内容，以教育学、心理学的基本理论为主要的方法，教育理论是外在的表现形式。主体不可动摇，不可歪曲，外在形式却可以适当改变。因此，历史教育教学应该在坚持历史的真实性和正确性的前提下采用先进的教育理论。

四、注重对引入的教育理论进行"历史学科化"处理

何炳松在强调历史学科性的同时并不排斥教育理论，而是积极吸纳和运用教育理论。比如：在其所编撰的历史教科书中，何炳松就注意到历史教科书和教学的衔接问题，教材内容的分配考虑到学生的接受能力。"此种教材分配，对于初中高年级学生，分量似尚相当"，[2] 等等。更可贵的是，何炳松还对一些引入的教育理论做

---

1 何炳松.历史教授法［A］.刘寅生，谢巍，房鑫亮编.何炳松论文集［C］.北京：商务印书馆，1990：368.
2 何炳松.复兴教科书初中外国史［A］.选自刘寅生、房鑫亮编.何炳松文集（第五卷）［M］.北京：商务印书馆，1997：3.

了一定程度的"历史学科化"处理，使教育理论与历史的知识、方法、观点互相结合，相互渗透。

在《我国教育的墙和我的拆墙主义》中，何炳松指出：我国教育存在学校、教室、讲台三堵墙，而拆墙主义就是把教育从学校推向社会，把教育由课内推向课外，由教师单独教授转向师生平等交流和学生自主、自动。何炳松将这些思想融入历史教学中。何炳松指出，"应该能够利用本地方各种历史的遗迹，去帮助学生明白其他各地方的历史。小学应该注意地方风土志，这就是一个理由。假使一个地方有一个历史博物馆，那更便利了。此外如石碑、古代建筑等遗址，这是很好的教材。"[1]"求学不能单靠教员与书本，随处皆是学问，足供研究，如朝宇可作历史图书馆用，大世界可作戏剧图书馆看。"[2] 由此可见，在何炳松看来，历史教学资源不只是历史教科书、地图、模型、参考书、图书，还包括朝宇、遗址等，从而将历史教学由课内推向课外，由校内延伸到校外。这是对何炳松拆学校、教室之墙教育理论的"历史学科化"。

而在《西洋中小学中的史学研究法》一文中，何炳松将自主学习的教育理念渗透到历史教育中。该文认为，历史事实本身具有可疑性，但是教科书中有很多事实，未加深究就当作了事实来教授；事实本身是可靠的，但经过组织之后就不一定了；学校教育中存在"往往将有争论余地的事实淘汰使尽"的做法。何炳松指出，历史本身的可疑性要求人们具有正确的判断能力，如果学校历史教育中

---

1 何炳松.历史教授法［A］.选自刘寅生、谢巍、房鑫亮编.何炳松论文集［C］.北京：商务印书馆，1990：371.
2 房鑫亮.何炳松年谱［A］.选自刘寅生、房鑫亮编.何炳松文集（第四卷）［M］.北京：商务印书馆，1997：695.

只是单纯地传授历史知识，掩盖事实，消除争议，将历史当作一种真理来讲授，将会导致一个永久的恶果，"学生在学校养成了轻信的习惯，就一生没有辨别是非的能力。"[1]而教授历史研究方法的练习，让学生自主地探究和研究历史，可以"建设一个赏识历史的根基"，至少"可以保护学生，不致受人之愚"。[2]这就使自动自主学习的教育理念与历史研究密切联系起来，较好地将教育理论作了一定的"历史学科化"处理。

何炳松较多地从历史学科自身出发来探讨历史教育问题，应该说是与他所处的时代有很大关系。当时，我国真正意义上的历史教育起步不久，虽然也引入了一些新的教育理论，但这些教育理论并没有对历史教育产生多大的影响，历史教育主要受历史学所支配。如傅运森、金兆梓、陈衡哲、姚绍华、卢文迪、陈祖源、顾颉刚、王钟麟等大批学者编写的历史教科书主要以进化史观等史学思想为指导，而很少依据教育理论。何炳松深受时代的影响，对于教育理论也重视不够。但是，他从历史自身出发来寻找历史教育发展之路，并将教育理论渗透到历史学科中，进行了一定的学科化处理，这样的探索对我们今天的历史教育来说具有很强的借鉴意义。当前，虽然很多教育理论被引入历史教育中来，大大推动了我国历史教育理论和实践的发展，但同时也由此出现了一些不良倾向：过分强调教育理论对历史教育的指导作用，忽视了历史自身的功用，使得历史教育缺乏"历史"的特性；引入教育理论时急功近利，缺乏对这些教育理论进行学科化处理的意识和方法，使得这些教育理论很多游离于历史教育之外，与历史学科并没有真正地融合互生。

---

1 何炳松.西洋中小学中的史学研究法[A].选自刘寅生，谢巍，房鑫亮编校.何炳松论文集[C].北京：商务印书馆，1990：26.
2 同上.

因此，回顾何炳松对历史教育学科性的探索，并深入分析，大胆借鉴，将非常有利于我们今天的历史新课程改革。

第三节　历史教育的衔接性

历史教育的衔接性问题是当前基础教育改革中所面临的一个较为棘手的重要问题。朱煜[1]、燕慧[2]等学者对此已经有所探讨，但该问题的研究还需深入。何炳松先生曾编译大学教材《中古欧洲史》（1924年）、《近世欧洲史》（1925年），著成《新时代外国史教科书》（1929年）、《复兴教科书高级中学外国史》（1934年）、《复兴教科书初级中学外国史》（1937年）等中学历史教科书，主张中小学开展历史研究，在历史教科书和历史研究两方面的衔接性思想值得当前的历史教育借鉴。

一、初中、高中、大学历史教材编排应具有衔接性

（一）初中、高中、大学历史教材内容从注重历史基本知识到注重史学观点

何炳松所编写的大学教材和中学历史教材都采用章节体的通史

---

[1] 朱煜.新课程历史教科书编纂的衔接性问题研究——以抗日战争史部分为例［J］.历史教学问题，2006（3）：95—99；朱煜.论历史教科书编纂的有效衔接［J］.课程.教材.教法，2007（9）：49—54.

[2] 燕慧.新课程改革中高中历史与初中历史的断层问题［J］.教学与管理，2007（9）：71—72.

体例。但是，这些教材在内容量上并不一样。《复兴教科书初中外国史》共有28章、114节、372页；《复兴教科书高中外国史》共有57章、199节、886页（上册468页，下册418页）。显然高中教材比初中教材内容丰富。《中古欧洲史》、《近世欧洲史》是大学教材，均为较为厚实的著作，与两本中学教材中所对应的内容相比，显然更加翔实。由此可见，何炳松编写的初中、高中、大学历史教材在内容上是由少到多的。当然，何炳松编写的历史教材并不是简单的由少到多，而是由简要到复杂。

"简要"是文字叙述上"简明切实"和编排上"纲举目张"[1]。这是基于有限教学时数的因素而做的考虑，如《复兴教科书初级中学外国史》编辑大意中提到："本书约共一百二十节（实际上是114节，何炳松可能将类似节的各大部分结论算入其中，约120节），希望教师于每学期大约授课四十小时计，则每小时可以教完两节为度，约费三十小时……此种教科书分配，对于初中高年级学生，分量似尚相当。"[2] 当然，教学时数的因素是一个表面的方面，其内在的是考虑到学生的接受能力。随着学生年龄的增长，其知识储备、心理素质等逐渐提升，于是历史教材内容便由少到多，由"简要"到"复杂"，这符合循序渐进的教育原则。

由"简要"到"复杂"体现在历史教材从注重历史基本知识到注重史学观点。《复兴教科书初中外国史》虽然落实了进化总体史观，也在"编辑大意"中指出，"对于古代的匈奴与安息，中古的波斯突厥及南洋诸国，均较寻常课本为详。惟亦不欲故意夸张，给

---

[1] 刘寅生，房鑫亮编.何炳松文集（第五卷）[M].北京：商务印书馆，1997：242.
[2] 同上书，1997：3.

以不应得的篇幅。"¹ 但通观该本教材，它主要是为了呈现一些基本的历史人物和历史事件，让学生了解基本的历史知识。而《复兴教科书高中外国史》较为注重史学观点的呈现。在该书"序言"中，何炳松较为深入地阐述了"综合的研究"、"综合眼光"、"详尽略远"、"文化重心"等选材原则以及中外史划分界限等，如关于"综合眼光"的标准，何炳松指出，"著者很想在本书中用一种新的立场，把亚洲匈奴人、安息人、月氏人、突厥人、蒙古人等向来受人轻视的民族，根据他们在世界文化史上活动和贡献的程度，给以相当的位置，而加以叙述。"²《中古欧洲史》、《近世欧洲史》更是注重史学观点的落实。

（二）初中、高中历史教材编排按照时序螺旋式推进

《复兴教科书初中外国史》分为上古史、中古史、近世史、现代史四个部分，共包括28章。而《复兴教科书高中外国史》（上下册）没有划分为四大部分，而是设计为十四编，共包括57章。其中，上册包括八编：第一编 世界人类文化的起源；第二编 欧洲文化的发轫和亚欧争雄的开始；第三编 罗马帝国的兴起和亚欧争雄的继续；第四编 印度佛教的广播和罗马帝国的衰亡；第五编 亚欧北方蛮族的南下和东方文化的发皇；第六编 欧洲的混乱和亚洲北方民族的兴起；第七编 中古欧洲的生活和世界形势的转变；第八编 欧洲的宗教革命和战争。下册包括六编：第一编 世界列强的形成和殖民事业的发展；第二编 法国的革命和拿破仑；第三编 世界民族运动的猛进和实业革命的产生；第四编 世界帝国的造成和帝国主义的发展；第五编 国际的竞争和世界大战；第六编 现代世界的困难。不

---

1 刘寅生，房鑫亮编.何炳松文集（第五卷）[M].北京：商务印书馆，1997：3.
2 同上书，1997：243.

难看出，这十四编分属于上古史、中古史、近世史、现代史，是对初中教材四大部分历史的进一步细化。这种细化一是在内容上增加了更加多的"细节性"内容，主要是史料，有利于学生在了解更多历史事实的基础上分析历史和解决历史问题，培养学生的史料实证能力。二是在历史主题上进行了一定的整合和概括，高中历史教材中的十四编就是十四个大的历史主题，是最为初步的主题凝练，这种凝练在章、节、目中也得到一定体现。它们有利于引导学生如何进一步整合历史，培养学生的历史理解能力。

（三）初中、高中教材从注重引导学生到注重学生自学

《复兴教科书初中外国史》分为上古史、中古史、近世史、现代史四个部分。每个部分之后都有一个"结论"。每个"结论"往往包括两大方面：一是该部分历史特点的阐述，一是对该部分主要内容的概述。如"上古史结论"中首先提到该时期世界史的特点有五：一为世界人类高等文化的出现，二为亚非两洲古文化的发展，三为东西两系文化的广播，四为世界主要宗教的创立，五为亚欧两洲的争雄。[1] 其次，对这五个特点进行稍微详细的阐述。这里的阐述对于该部分历史内容来说是扼要的概括。"结论"或"总论"是对相应部分内容的一个概括和梳理，有利于锻炼学生的归纳能力，客观上起到了指导学生学习的作用。另外，该教材还专设一章（最后一章即第二十八章）为"总论"。总论包括本国史和外国史的关系、中外文化的比较、中国民族的责任三节。总论并不是对该本教材内容的高度总结，而是将外国史学习与中国史联系起来，指出如何处理好中外历史的关系，引导学生明白学习世界史或外国史应该

---

[1] 何炳松著.刘寅生，房鑫亮编.何炳松文集（第五卷）[M].北京：商务印书馆，1997：72.

以中国民族文化的复兴为责任。此外,《复兴教科书初中外国史》每章后面均设计了"练习的题目",每一个题目都是一个历史内容,对这些题目的回答和练习有助于学生有针对性地巩固与掌握所学历史知识。

而《复兴教科书高中外国史》的每"编"后面没有"结论",该书最后也没有"总论",只有第五章后面有个子目为"总论"。同时该教材的每编和每章后面也没有"练习的题目"。教材后面的"结论"编排和"练习的题目"设计对于学生学习来说都是具有一定的指导或引导作用。《复兴教科书高中外国史》在这些方面的"缺失"也极有可能暗含着何炳松认为高中学生已经具有较强的思维和一定的自学能力而教师不必再进行过多指导的用意。即使没有这样的用意,高中历史教材在"结论"和练习题上的编排设计也在客观上要求高中学生必须具有较强的自学能力。由此,何炳松编写的初中、高中教材呈现出从注重引导学生到注重学生自学的清晰轨迹。

(四）新教材的编写应该吸取旧教材中史学思想的有益因子

教材的衔接不仅包括不同年级、不同学段之间的衔接,也包括同年级教材在前后时期新旧替换中的衔接。何炳松编写的《中古欧洲史》依据鲁宾逊《西欧简史》前29章编译而成。《近世欧洲史》大体以美国史学名家鲁宾逊与比尔德二人所著之《欧洲史大纲》第二卷为蓝本,并取材于二人所著的《现代欧洲史》。这两本大学教材都是以美国"新史学"为指导思想,强调对一般历史文化现象的描述,重视社科经济和科技在人类文明历史中的作用等。[1]《复兴

---

[1] 蔡家勇.论何炳松的史学研究及其史学思想特色[J].首都师范大学学报（社会科学版）,2011（s1）:189—192.

教科书高中外国史》和《复兴教科书初中外国史》则是以进化总体史观为指导。进化总体史观"融汇中西、纵贯古今"[1]，融合了鲁宾逊的"多元史观"、法国史家郎格瓦诺和瑟诺波"综合研究"的历史观、德国史家朋汉姆的历史具有关联性的主张，以及中国古代司马迁、刘知己、章学诚等人"通"的理论等，是对古今中外历史学家思想的整合，进化总体史观较之新史学的思想有所发展和进步。两本中学教材都是选取了大量经济文化科技等政治史以外的历史内容、选取了欧美之外的亚非拉地区的很多历史内容。《中古欧洲史》和《近世欧洲史》分别是1924、1925年开始出版使用，而《复兴教科书高中外国史》和《复兴教科书初中外国史》分别是1934年和1937年正式出版使用。在此，我们难以从初高中到大学教材的学段递升角度去考虑其之间的衔接性。不过，我们可以从新旧教材更新替换的角度去理解。如果何炳松在1924年编写出高中历史教科书估计也是以鲁宾逊的新史学为指导，在1934年后编写大学历史教材也估计会以进化总体史观贯穿其中。我们可将其编写的历史教材不作大学和中学之分，而是将同一时期教材作为一个整体。如此，何炳松编写的历史教材是先后受到"新史学"和"进化总体史观"的支配，随着其史学思想的发展而变化。当前的历史教科书编写虽然是集体智慧的结晶，但我们也应该向何先生学习，将学界新的史学研究成果尽快地引入新编写的历史教科书之中。何炳松编写教材是以史学观作为指导思想，这未必完全科学，因为教材编写还应该受到一定教育学思想的影响，应该受到"历史"和"教育"的合力支配。但何炳松重视从"历史"出发编写历史教材，对于当前我们历史教科书偏重于从"教育"出发来说是个较好的经验

---

1 刘馨.何炳松史学思想析论［J］.南开学报，2001（2）：54.

借鉴，可以起到一定的纠偏作用。因此，最新部编历史教科书的编写者应该在借鉴以往历史教材编写经验的基础上，找出旧教材中一些较为科学的史学观或一些史学观内部的有益因子予以继承，同时将学界研究出的新史学观与一定的教育理念相结合，融入历史教材的编写之中。唯物史观是最为科学的史学观，我们在吸取其他史学思想编写历史教科书中的过程中，应该在坚持历史唯物主义的前提之下，对违背唯物史观基本观点的其他史学思想和教育理念坚决摒弃。

二、小学、中学、大学可逐步培养学生的历史研究能力

目前我国教育界普遍认为历史研究对于中学生来说难度极高，大学生才应该开始涉足这一领域。其实，何炳松所处的时代也大抵如此，很多人认为历史研究事体重大，只有大学才可以开设这一科目。对此，何炳松表示反对，他认为，"大学有历史研究法，小学又何尝不可以有历史研究法？实在说起来，从小学一年级起，就可以用极简易的方法去教历史研究法的。"[1] 因为，"虽然我们不是人人读历史，但自小处处用历史，所说的话，关于自己朋友或他人，昨天所说的同所作的，就统是历史。我们一生所想的同所计画（划）的，亦是历史。"[2] 同时他指出，学校历史教学中，教师往往给予永久结果的历史知识，容易养成学生轻信的习惯。由此，各类学校中不仅要让学生知道什么是历史，还应该教学生如何去研究历史。

---

1 何炳松.西洋中小学中的历史研究法［A］.刘寅生，谢巍，房鑫亮编校.何炳松论文集［C］.北京：商务印书馆，1990：16.
2 同上.

在中小学怎么去教学生研究历史，何炳松借鉴了西洋中小学的经验，对不同年级的学生如何开展历史研究有所论及。对于小学生的历史研究，何炳松主张不同年级学生进行不同的历史研究。如对于一年级学生，应使他们知道有许多历史材料是从地下挖掘出来的，或者别人报告的；对于四年级学生，应使他们知道要明白他人所做的事，或者所说的话，有种种方法的；对于六年级学生应使他们知道利用目录及索引同参考书的重要；对于七年级学生可以叫他们练习史料的批评；七年级以上的就可以遍习历史研究法各方面了。[1]

对于中学生的历史研究，何炳松认为应该注意对小学历史研究的继承，但也有所区别，如：关于史料，在小学用过的，到中学后依然可以使用，但研究方法上应有所区分。比如：小学中教员指导力应该多一些，中学老师的指导力应该少一些，令学生自己去下断语便了，[2]让学生自己去探究、评判历史。关于组织或编排史事的练习，在小学中可以让学生运用，在中学依然可以继续运用下去。不过应该多加一种名史家著史方法的说明。根据性质同时间去组织史事这个原理，可以扩充，而且利用起来为复习之用。

小学不同年级应该具有不同的历史研究，中学历史研究应该在继承小学研究的基础上有进一步发展，而中小学的历史研究可以为大学历史研究提供良好基础。这体现出何炳松非常注重学校教育中历史研究上的衔接性。这种"衔接"破除了历史研究的神秘感，使得历史研究在学生小学阶段就种下了历史研究意识的

---

[1] 何炳松.西洋中小学中的历史研究法[A].刘寅生，谢巍，房鑫亮.何炳松论文集[C].北京：商务印书馆，1990：16.

[2] 同上书，1990：23.

种子；这种"衔接"从播下历史研究的种子到发芽，再到茁壮成长为历史研究的参天大树，这一过程具有连续性；这种"衔接"的另外一面意思是存在着阶段的不同，而不同正是基于学生知识储备和心理特征的发展变化而呈现出的历史研究新特点，每一次"新"就是向前一步的一次蜕变，体现了学生学习的循序渐进原则。

虽然，何炳松在历史研究上的具体衔接措施和建议未必科学，但他在历史研究上的衔接性思想对缺失历史研究的当前我国中小学来说无疑具有重要的启发价值和指导意义。长期以来，我国中小学的历史教育注重基本知识和基本技能，但对于"历史研究"都觉得高深莫测，可望而不可即。当前的中小学虽然提倡研究性学习和探究性学习，以培养学生围绕某一主题分析问题和解决问题的能力，但主要是从教育学角度进行，而较少真正从史学研究的角度去展开。新课程改革着力扭转以前历史教育中过分成人化、专业化的倾向，但在实际教学中却常常走向了另外一端，以致学科教学丧失了学科性。[1] 一门学科最重要的特性是这门学科的基本概念、知识结构和思维方法。坚持学科特性的必要途径和应有之义是掌握这门学科的研究方法，从研究者的视野中去体会、理解该门学科的独特奥妙。中小学生缺乏史学研究的意识和能力，直接导致了他们进入大学阶段之后学习专门历史的困难重重和难以适应，困难也往往导致了对史学的厌倦，无形中造成了整个国家史学队伍的整体素质受到巨大影响。因此，我们应该学习何炳松先生注重中小学开展历史研究方法教学的经验，在小学和中学阶段

---

1 张天明.如何看待新课程改革中学科教育的"学科性"[J].教育研究与实验，2014（4）.

都应该教给学生历史研究法,并随着学龄段的增长逐步增加难度。这样,一方面可培养学生能够从历史研究角度去看待、思考和解决历史上的问题和生活中的问题,一方面有利于中小学各个年级之间的衔接,并为大学本科和研究生阶段的历史专业学习做好充分的准备。

主要参考文献

（一）著作或论文集

何炳松. 刘寅生，谢巍，房鑫亮编校. 何炳松论文集［C］. 北京：商务印书馆，1990.

何炳松. 刘寅生，谢巍，何淑馨. 何炳松纪念文集［C］. 上海：华东师范大学出版社，1990.

何炳松. 刘寅生，房鑫亮编. 何炳松文集（第一卷）［M］. 北京：商务印书馆，1996.

何炳松. 刘寅生，房鑫亮编. 何炳松文集（第二卷）［M］. 北京：商务印书馆，1997.

何炳松. 刘寅生，房鑫亮编. 何炳松文集（第三卷）［M］. 北京：商务印书馆，1996.

何炳松. 刘寅生，房鑫亮编. 何炳松文集（第四卷）［M］. 北京：商务印书馆，1997.

何炳松. 刘寅生，房鑫亮编. 何炳松文集（第五卷）［M］. 北京：商务印书馆，1997.

何炳松. 新时代外国史教科书［M］. 上海：商务印书馆，1929.

〔美〕鲁宾逊著. 何炳松译. 新史学［M］. 上海：商务印书馆，1924.

〔美〕约翰生·亨利著，何炳松译. 历史教学法［M］. 上海：商务印书馆，1926.

陈景磐. 中国近代教育史［M］. 北京：人民教育出版社，1979.

陈元晖.中国现代教育史[M].北京：人民教育出版社，1979.

李泽厚.中国近代思想史论[M].北京：人民出版社，1979.

白寿彝.历史教育与史学遗产[M].郑州：河南人民出版社，1983.

南京师范大学教育系编.教育学[M].北京：人民教育出版社，1984.

陶愚川.中国教育史比较研究（三册）[M].济南：山东教育出版社，1985.

沈灌群，毛礼锐.中国教育家评传（三卷本）[M].济南：山东教育出版社，1985.

王炳照，等.简明中国教育史[M].北京：北京师范大学出版社，1985.

李桂林.中国现代教育史教学参考资料[G].北京：人民教育出版社，1987.

李华兴.民国教育史[M].上海：上海教育出版社，1997.

申晓云.动荡转型中的民国教育[M].郑州：河南人民出版社，1994.

毛礼锐，沈灌群主编.中国教育通史（六卷本）[M].济南：山东教育出版社，1985—1989.

王策三.教学论稿[M].北京：人民教育出版社，1985.

〔英〕汤因比.历史研究[M].上海：上海人民出版社，1986.

章开沅.离异与回归—传统文化与近代化关系试析[M].长沙：湖南人民出版社，1988.

于友西主编.中学历史教学法[M].北京：高等教育出版社，1988.

杨鑫辉，李才栋主编.江西古代教育家评传[M].南昌：江西教育出版社，1988.

梁启超.饮冰室合集（文集之三十六）[M].北京：中华书局，1989.

赵恒烈.历史教育学[M].石家庄：河北教育出版社，1989.

王铎全.历史教育学[M].上海：上海社会科学院出版社，1989.

钟启泉.现代课程论[M].上海：上海教育出版社，1989.

熊明安.中国教学思想史[M].重庆：西南师范大学出版社，1989.

鲁洁，吴康宁主编.教育社会学[M].北京：人民教育出版社，1990.

〔美〕杜威.民主主义与教育[M].王承绪译.北京：人民教育出版社，1990.

胡适.从西化到现代化[M].北京：北京大学出版社，1990.

李秉德.教学论[M].北京：人民教育出版社，1991.

夏子贤.中学历史教学法[M].上海：华东师范大学出版社，1991.

周发增，张显传，崔粲编.历史教育学新论［M］.广州：广东教育出版社，1993.

李定仁.教学思想发展史略——历史、现状与发展趋势［M］.西宁：青海人民出版社，1993.（2001年第2版）

瞿葆奎.课程与教材（教育文集）［M］.北京：人民教育出版社，1993.

朱永新.中华教育思想研究［M］.南京：江苏教育出版社，1993.

金相成主编.历史教育学［M］.杭州：浙江教育出版社，1994.

孙恭恂.历史教学的艺术与技巧［M］.北京：中国地图出版社，1994.

张武升.教学论问题争鸣研究［M］.天津：南开大学出版社，1994.

王炳照，阎国华主编.中国教育思想通史［M］.长沙：湖南教育出版社，1994.

杨小微，刘卫华主编.教育研究的理论与方法［M］.武汉：湖北教育出版社，1994.

杨启亮.困惑与抉择——20世纪的新教学论［M］.济南：山东教育出版社，1995.

王铎全，李稚勇.比较历史教育学［M］.上海：上海教育出版社，1995.

苏寿桐.史编拾遗［M］.北京：人民教育出版社，1995.

孙培青，李国钧.中国教育思想史（三卷本）［M］.上海：华东师范出版社，1995.

王建军.中国近代教科书发展研究［M］.广州：广东教育出版社，1996.

田慧生，李如密.教学论［M］.石家庄：河北教育出版社，1996.

杨豫，胡成.历史学的思想和方法［M］.南京：南京大学出版社，1996.

钱穆.中国近三百年学术史［M］.北京：商务印书馆，1997.

张瑞璠，王承绪主编.中外教育比较史纲［M］.济南：山东教育出版社，1997.

顾明远主编.民族文化传统与教育现代化［M］.北京：北京师范大学出版社，1998.

陈桂生.历史的"教育学现象"透视［M］.北京：人民教育出版社，1998.

毛礼锐，沈灌群.中国教育通史（第5卷）［M］.济南：山东教育出版社，1998.

李纯武.历史文稿选存［M］.北京：人民教育出版社，1997.

白月桥.历史教学问题探讨［M］.北京：教育科学出版社，1997.

姬秉新.历史教育学概论［M］.北京：教育科学出版社，1997.

王嘉毅.教学研究方法论［M］.兰州：甘肃文化出版社，1997.

曾天山.教材学概论［M］.南昌：江西教育出版社，1997.

〔英〕约翰·怀特著，李永宏译.再论教育目的［M］.北京：教育科学出版社，1997.

赵亚夫.中学历史教育学［M］.北京：中国建材工业出版社，1997.

吴康宁.教育社会学［M］.北京：人民教育出版社，1998.

杜成宪.中国教育史学九十年［J］.上海：华东师范大学出版社，1998.

于友西，叶小兵，赵亚夫.历史学科教育学［M］.北京：首都师范大学出版社，1999.

藏嵘.历史教材纵横谈［M］.北京：人民教育出版社，1999.

严志梁.世界历史教材的改革与探索［M］.北京：人民教育出版社，1999.

叶澜.教育研究方法论初探［M］.上海：上海教育出版社，1999.

张楚廷.教学论概要［M］.长沙：湖南教育出版社，1999.

聂幼犁.中学历史教育学［M］.上海：学林出版社，1999.

朱煜.历史教材学概论［M］.南京：江苏人民出版社，1999.

石鸥.教学病理学［M］.长沙：湖南教育出版社，1999.

吴永军.课程社会学［M］.南京：南京师范大学出版社，1999.

张传燧.中国教学论史纲［M］.长沙：湖南教育出版社，1999.

石中英.教育学的文化性格［M］.太原：山西教育出版社，1999.

瞿林东.中国史学史纲［M］.北京：北京出版社，1999.

〔德〕黑格尔.历史哲学［M］.王造时译.上海：上海书店出版社，1999.

王宏志.历史教材的改革与实践［M］.北京：人民教育出版社，2000.

徐继存.教学理论反思与建设［M］.兰州：甘肃教育出版社，2000.

张华.课程与教学论［M］.上海：上海教育出版社，2000.

夏曾佑.中国古代史［M］.石家庄：河北教育出版社，2000.

喻本伐，熊贤君.中国教育发展史［M］.武汉：华中师范大学出版社，2000.

林丙义，郭景扬.中学历史课程教材改革评介［M］.北京：高等教育出版社，2001.

李稚勇，方明生.社会科学教育展望［M］.上海：华东师范大出版社，2001.

靳玉乐，李森，沈小碚，刘清华.中国新时期教学论的进展［M］.重庆：重庆出版社，2001.

徐继存.教学论导论［M］.兰州：甘肃教育出版社，2001.

石中英.知识转型与教育改革［M］.北京：教育科学出版社，2001.

冯建军.当代主体教育论［M］.南京：江苏教育出版社，2001.

钟启泉，崔允漷，张华主编.《基础教育课程改革纲要（试行）》解读［M］.上海：华东师范大学出版社，2001.

课程教材研究所.20世纪中国中小学课程标准·教学大纲汇编·历史卷［G］.北京：人民教育出版社，2001.

雷海宗.伯伦史学集［M］.北京：中华书局，2002.

朱汉国，王斯德.《全日制义务教育历史课程标准》解读（实验稿）［M］.北京：北京师范大学出版社，2002.

余伟民.历史教育展望［M］.上海：华东师范大学出版社，2002.

陈其.课程论［M］.北京：人民教育出版社，2002.

靳玉乐，宋乃庆，徐仲林主编.新教材将会给教师带来什么［M］.北京：北京大学出版社，2002.

黄显华，霍秉坤.寻找课程论和教科书设计的理论基础［M］.北京：人民教育出版社，2002.

郑金洲，瞿葆奎.中国教育学百年［M］.北京：教育科学出版社，2002.

栗洪武.西学东渐与中国近代教育思潮［M］.北京：高等教育出版社，2002.

高凌飚.基础教育教材评价：理论与工具［M］.北京：人民教育出版社，2002.

黄济，郭齐家.中国教育传统与教育现代化基本问题研究［M］.北京：北京师范大学出版社，2003.

李隆庚.中国近现代史教材改革纪程［M］.北京：人民教育出版社，2003.

聂幼犁.历史课程与教学论［M］.杭州：浙江教育出版社，2003.

赵亚夫等.国外历史教育透视［M］.北京：高等教育出版社，2003.

齐健，赵亚夫.历史教育的价值［M］.北京：高等教育出版社，2003.

刘军.历史教学新视野［M］.北京：高等教育出版社，2003.

赵克礼.历史教学论［M］.西安：陕西师范大学出版社，2003.

张静等.历史学习方略［M］.北京：高等教育出版社，2003.

陈伟国、何成刚.历史教育测量与评价［M］.北京：高等教育出版社，2003.

叶小兵，姬秉新，李稚勇.历史教育学［M］.北京：高等教育出版社，2004.

陈辉主编.历史课程教材教法新探［M］.香港：中国科学文化出版社，2004.

顾明远.中国教育的文化基础［M］.太原：山西教育出版社，2004.

黄甫全.现代教学论学程［M］.北京：教育科学出版社，2004.

杜成宪，丁钢.20世纪中国教育的现代化研究［M］.上海：上海教育出版社，2004.

李勇.鲁宾逊新史学派研究［M］.合肥：安徽人民出版社，2004.

李森.现代教学论纲要［M］.北京：人民教育出版社，2005.

朱煜.历史课程与教学论［M］.长春：东北师范大学出版社，2005.

〔英〕H.G.韦尔斯著，梁思成译.世界史纲（上下）［M］.上海：上海人民出版社，2006.

房鑫亮撰.忠信笃敬——何炳松传［M］.杭州：浙江人民出版社，2006.

刘志军.教育研究方法基础［M］.北京：人民教育出版社，2006.

马卫东.历史比较教育［M］.南宁：广西教育出版社，2006.

藏嵘，周瑞祥.土城集：历史教材学和史学论丛［M］.北京：星球地图出版社，2006.

张斌贤.教育是历史的存在［M］.合肥：安徽教育出版社，2007.

李良玉.中国古代历史教育研究［M］.合肥：合肥工业大学出版社，2007.

崔允漷.课程·良方［M］.上海：华东师范大学出版社，2007.

朱汉国，郑林.新编历史教学论［M］.上海：华东师范大学出版社，2008.

王鉴.教学论热点问题研究［M］.桂林：广西师范大学出版社，2008.

何成刚.民国时期中小学历史教育发展研究［M］.长沙：岳麓书社，2008.

费驰.历史课程与教学论［M］.长春：吉林人民出版社，2008.

梁启超.梁启超文集［M］.北京：燕山出版社，2009.

王本陆.中国教育改革30年：课程与教学卷［M］.北京：北京师范大学出版社，2009.

杜芳主编.新理念历史教学论［M］.北京：北京大学出版社，2009.

陈月茹.中小学教科书改革研究［M］.北京：教育科学出版社，2009.

范文澜.中国通史简编［M］.北京：商务印书馆，2010.

翦伯赞.中国史纲［M］.北京：商务印书馆，2010.

金毓黻.中国史学史［M］.北京：商务印书馆，2010.

王宏志.新中国中小学教材建设史1949—2000研究丛书·历史卷［M］.北京：人民教育出版社，2010.

李稚勇.历史教育学新论［M］.北京：人民教育出版社，2010.

董洪亮.教学解释——一般问题的初步探讨［M］.北京：教育科学出版社，2010.

胡金平.中外教育史纲［M］.南京：南京师范大学出版社，2010.

郭娅.反思与探索：教育史学元研究［M］.济南：山东教育出版社，2010.

刘馨.何炳松史学研究［M］.北京：知识产权出版社，2010.

何成刚，彭禹，夏辉辉，沈为慧等.智慧课堂——史料教学中的方法与策略［M］.北京师范大学出版社，2010.

朱永新.中国教育思想史（上、下）［M］.上海：上海交通大学出版社，2011.

张斌贤，楼世洲.当代中国教育学术思想研究（1949—2009）［M］.北京：中国社会科学出版社，2011.

赵克礼，徐赐成主编.中学历史教材研究与教学设计［M］.西安：陕西师范大学出版社，2011.

王嘉毅，李谨瑜，王鉴.当代课程与教学论研究新进展——李秉德先生诞辰一百周年纪念文集［J］.北京：人民教育出版社，2012.

梁启超.中国近三百年学术史［M］.北京：商务印书馆，2011.

朱德全，李姗泽主编.教育研究方法［M］.重庆：西南师范大学出版社，2011.

李如密.儒家教育理论及其现代价值［M］.北京：中华书局，2011.

于述胜等.中国教育口述史（第一辑）［M］.重庆：重庆大学出版社，2011.

侯怀银.20世纪中国教育学发展问题研究［M］.北京：北京师范大学出版社，2011.

李稚勇，周仕德，陈新民.中外历史教育比较研究［M］.长春：长春出版社，2012.

何成刚，张汉林，沈为慧主编.史料教学案例设计解析［M］.北京师范大学出版社，2012.

陈志刚.历史课程与教学论［M］.北京：科学出版社，2012.

黄牧航主编.中学历史教材研究［M］.长春：长春出版社，2013.

任世江.高中历史必修课程专题解析［M］.北京：光明日报出版社，2013.

陈辉主编.中学历史教学论新探［M］.北京：高等教育出版社，2014.

潘洪建.致知与致思：课程改革的知识论透视［M］.济南：山东教育出版社，2015.

陈志刚.高中历史学业水平考试研究［M］.北京：广西师范大学出版社，2016.

刘超.历史书写与认同建构：清末民国时期中国历史教科书研究［M］.北京：社会科学文献出版社，2016.

James Harvey Robinson: The New History, the Macmillan Company, New York, 1922.

James Harvey Robinson and Charles A .Beard: History of Europe Our Own Times, Ginn and Company, Boston, New York, Chicago, London, Atlanta, Dallas, Columbus, San Francisco, 1921.

Geoffrey Barraclough, History in a Changing World ［M］. Norman: University of Oklahoma Press, 1955.

John Braeman: James Harvey Robinson, from Clyde N.Wilson: Dictionary of Literary Biography Vol.47, American Historians, 1866–1912, Gale Reasearch Company, Detroit Michigan, 1986.

Kelly Boyd and Fitzroy Dearborn: Encyclopedia of Historians and Historical Writing Vol.2, Publishers London Chicago, 1999.

（二）学术论文与学位论文

钱昌明.略谈历史空间概念的培养［J］.历史教学问题，1984（3）.

金相成.何炳松对历史教育的贡献［J］.暨南学报（哲学社会科学），1991（2）.

谭其骧.何炳松与《新史学》［J］.暨南学报，1991（2）.

张书学.何炳松对西方史学理论的传播与贡献［J］.浙江学刊，1994（2）.

郑师渠.近代中国的文化民族主义［J］.历史研究，1995（5）.

龚郭清.梁启超新史学与国民教育［J］.浙江师范大学学报（社会科学版）：1994（3）.

严志梁.我国的历史教育和历史教科书［J］.课程·教材·教法，1995（10）.

朱发建，张晶萍.论何炳松在通史理论上的创新［J］.常德师范学院学报（社会科学版），1997（2）.

钟启泉.现代学科教育学的概念、使命和发展［J］.课程·教材·教法，1997（5）.

夏泉.何炳松与南洋问题研究［J］.东南亚研究，1998（3）.

高石纲.何炳松对中国史学近代化所作的杰出贡献［J］.西北第二民族学报（哲学社会科学版）：1998（4）.

朱煜.论何炳松的历史教育思想［J］.扬州大学学报（高教研究版），1999（3）.

韦庆媛.何炳松与历史教科书［J］.历史教学，1999（12）.

周文玖.何炳松的史学理论及其史学史研究［J］.求是学刊，2000（4）.

刘馨.何炳松史学思想析论［J］.南开学报，2001（2）.

薛其林.试论何炳松的史学阐释方法［J］.长沙大学学报，2001（3）.

邱树森.何炳松史学研究二题［J］.暨南学报（哲学社会科学版），2001（5）.

吴刚平.课程资源的理论构想［J］.教育研究，2001（9）.

洪认清.评何炳松对西方史学理论和方法论的译介［J］.史学史研究，2002（2）.

刘馨.何炳松史学思想析论［J］.南开学报，2001（2）.

洪认清.何炳松史学思想的特色［J］.学术月刊，2002（3）.

周文玖.两种新史学：何炳松与梁启超［J］.学术研究，2002（12）.

孙敏震.吕思勉先生历史教学思想与实践述论［J］淮阴师范学院学报（哲学社会科学版），2003（6）.

于建福.教育的继承·借鉴与创新［J］.教育学（人大复印资料），2003（5）.

黄牧航.论中学历史教材的逻辑结构［J］.历史教学，2003（6）.

何继润.浅论何炳松历史教学的学科渗透思想［J］.新疆石油教育学院学报，2005（5）.

朱煜. 新课程历史教科书编纂的衔接性问题研究——以抗日战争史部分为例［J］. 历史教学问题，2006（3）.

朱煜. 论历史教科书编纂的有效衔接［J］. 课程.教材.教法，2007（9）.

燕慧. 新课程改革中高中历史与初中历史的断层问题［J］. 教学与管理，2007（9）.

顾明远. 一扫乌云见光明——纪念高考恢复30周年［J］. 中国教师，2007（4）.

陆荣. 何炳松的相对主义史学思想辨证［J］. 史学史研究，2007（4）.

张天明，赵海红. 何炳松历史教科书选材思想探析［J］. 内蒙古师范大学学报（教科版），2007（8）.

杨启亮. 守护家园：课程与教学变革的本土化［J］. 教育研究，2007（9）.

张天明，赵海红. 何炳松外国史教科书选材思想的现实启示［J］. 中学历史教学，2007（11）.

樊庆臣 陆宜玲. 何炳松的拆墙主义及其现实意义与价值——浅谈何炳松的教育思想［J］. 齐齐哈尔师范高等专科学校学报，2008（2）.

张天明，赵海红. 何炳松考试观及其现实启示［J］. 教书育人（高教版），2008（3）.

张天明. 何炳松外国史教科书对人种问题的叙述［J］. 中学历史教学，2008（9）.

杨启亮. 教学的教育性与教育的教学性［J］. 教育研究，2008（10）.

张天明. 赵海红. 何炳松历史教育思想的嬗变［J］. 绵阳师范学院学报，2009（12）.

齐世荣. 略谈中学历史教材编写方法的几个原则［J］. 课程·教材·教法，2010（6）.

张天明. 何炳松"活现过去"教学思想探析［J］. 中学历史教学，2010（4）.

张天明. 何炳松论历史教育的学科性［J］. 教育评论，2010（2）.

张天明，赵海红. 何炳松历史教学思想探析［J］. 教育评论，2010（2）.

刘家辉. 何炳松对西方新史学思想的融合与实践［J］. 齐齐哈尔大学学报（哲学社会科学版），2010（4）.

张天明. 进化总体史观与何炳松历史教科书的编写［J］. 中学历史教学，2010（12）.

杜晓艳.何炳松中西文化观的演变［J］.兰台世界，2010（23）.

朱煜.历史教学的几个基本问题——读20世纪初美国约翰生·亨利《历史教学法》札记［J］.课程·教材·教法2010（12）.

张天明，赵海红.何炳松历史教育目的观探析［J］.教育探索，2011（1）.

张天明，赵海红.何炳松历史教育目的观探析［J］.中学历史、地理教与学（人大报刊复印资料），2011（6）.

蔡家勇.论何炳松的史学研究及其史学思想特色［J］.首都师范大学学报（社会科学版），2011（s1）.

张天明.如何看待新课程改革中学科教育的"学科性"［J］.教育研究与实验，2014（4）.

范红军.新史观、新通史方法、新世界史——何炳松《复兴高级中学教科书外国史》述评［J］.历史教学问题，2013（3）.

秦润琼.何炳松《外国史》教科书对当代历史教科书编撰的启示——以"初中版"为例［J］.文史博览（理论），2013（7）.

张天明.1980年以来我国教学理论本土化研究的回顾、问题与展望［J］.课程·教材·教法，2014（1）.

秦文.何炳松历史写作方法论［J］.社科纵横，2016（9）.

赵亚夫.公共史学与学校历史教育学的创建［J］.文汇报，2014-2-24.

唐景.何炳松历史学说研究［D］.贵阳：贵州师范大学，硕士，2003.

姜爱智.现代新史学理论建设研究［D］.上海：华东师范大学硕士，2004.

张天明.何炳松历史教育思想研究［M］.金华：浙江师范大学硕士，2005.

王友军.清末和民国时期的中学历史教科书研究［D］.金华：浙江师范大学硕士，2005.

岳颖.何炳松教育思想研究［D］.广州：暨南大学硕士，2007.

杨红波.清末民国时期历史课程标准的教育学审视［D］.长沙：湖南师范大学硕士，2007.

曹伟.试论何炳松的历史教育思想［D］.北京：首都师范大学硕士，2009.

何鑫.对两次中学历史教科书争论的思考［D］.成都：四川师范大学硕士，2008.

黎文俊.何炳松历史教育思想研究［D］.上海：华东师范大学硕士，2011.

匡林林. 约翰生·亨利《历史教学法》在中国的传播与影响［D］. 长沙：湖南师范大学硕士，2012.

秦润琼. 何炳松《外国史》教科书研究——以初中版为例［D］. 长沙：湖南师范大学硕士，2013.

吕强. 论何炳松的史学思想［D］. 武汉：华中师范大学硕士，2013.

王姝. 何炳松史学思想的特色［D］. 武汉：华中师范大学硕士，2013.

杨永胜. 何炳松史学研究［D］. 南昌：江西师范大学硕士，2011.

李宗奇. 南京国民政府时期中学历史教学法研究（1929—1937）［D］. 武汉：华中师范大学硕士，2011.

崔鲁威. 李大钊与何炳松史学思想比较研究［D］. 石家庄：河北师范大学硕士，2012.

闫明月. 浅析何炳松的历史教育思想［D］. 长春：东北师范大学硕士，2014.

王晶晶. 民国时期中学生历史探究能力培养研究［D］. 扬州：扬州大学硕士，2014.

李得权. 民国"历史研究法"研究［D］. 保定：河北大学硕士，2017.

王郝维. 20世纪20年代北大史学社会科学化改革新探［D］. 济南：山东大学硕士，2017.

附：何炳松年谱

1890年（清光绪十六年）1岁

10月18日，出生于浙江金华北乡后溪何（今属婺城区）。先世为南宋何基，创北山学派。父名寿铨，笃守朱子理学，是金华城里有名的塾师；母宗氏，南宋名臣宗泽后裔。

1894年（清光绪二十年）5岁

开始识字。

1896年（清光绪二十二年）7岁

因不用功，被送到金华城里一塾师家读书，三天后领回，此后由父亲教授。

1903年（清光绪二十九年）14岁

春，参加县试，中秀才。秋，入金华府中学堂读书。

1904年（清光绪三十年）15岁

在金华府中学堂乙班学习。

1905年（清光绪三十一年）16岁

在金华府中学堂升入甲班。

1906年（清光绪三十二年）17岁

因成绩优异，被提前保送入设在杭州的浙江高等学堂。

1907年（清光绪三十三年）18岁

春，入浙江高等学堂预备科学习。

1909年（清宣统元年）20岁

升入浙江高等学堂正科，系第二届学生。

1910年（清宣统二年）21岁

因成绩优异被学校授予第一名奖。

1911年（清宣统三年）22岁

再得第一名奖。

1912年（民国元年）23岁

10月，与金华人氏曹绿芝结婚。冬，毕业。在校期间，连年得第一名奖，毕业成绩列本届学生之首。因此，被浙江省公费资送美国留学。

1913年（民国二年）24岁

2月初，抵美，入加利福尼亚大学伯克利分校。后请假离校。夏，考入威斯康星大学38政治系。与胡适成为笔友。加入全美中国留学生会。本年，长女在金华出生，旋夭折。

1914年（民国三年）25岁

当选为《留美中国学生季报》编辑干事，任期一年，自次年始，任鸿隽为总编辑。又被选为威斯康星大学中国学生会副会长。被聘为助教，负责搜集有关远东和中日关系的史料。

1915年（民国四年）26岁

3月，在《留美中国学生季报》民国4年春季第一号上发表《课余杂录》。夏，从威斯康星大学毕业，获政治科学士学位及荣誉奖。秋，考入普林斯顿大学研究院，专业为现代史与国际政治。

1916年（民国五年）27岁

夏，从普林斯顿大学毕业，获政治科硕士学位，并获校论文第一名奖。7月，回国。任浙江省长公署助理秘书。

1917年（民国六年）28岁

3月，转任浙江省教育厅视学。4月，次女出生，取名淑莲。《浙江公报》刊登他视察新昌县各校后写给省长的呈文。9月，应聘北京高等师范学校和北京大学。在北大预科授西洋文明史等课，学生有蒋复璁、何思源等人。在北高师史地部、英语部授西洋史、外国地理、欧洲大战史等课程，学生有周予同、周谷城、楚图南等人。

1918年（民国七年）29岁

2月，与陈独秀等同时加入蔡元培发起成立的北大"进德会"，为甲种会员。9月，改任史学系讲师，担任文本科西洋史等课程。同年，任北高师史地部代教务主任。与在北京办《京报》的邵飘萍及北大、北高师的同仁傅东华、张耀翔、胡适、吴梅等常相过从。

1919年（民国八年）30岁

2月，任北高师英语部教务主任。9月，与陈宝泉、邓萃英代表北高师加入新教育共进社办的《新教育》月刊编辑部。10月始，在《北大日刊》上连续发表译作《西洋史教授法之研究》，后结集出版，改名《历史教授法》，原著者为美国亨利·约翰逊。11月，在《法政学报》第二卷第一期上发表《中国政党小史》。12月，在《教育丛刊》第一集发表《美国学制述略》，此后又连载二期。同年，任北大史学系教授；北高师国文部代教务主任。

1920年（民国九年）31岁

2月，任北高师英语部教务主任。在《新教育》第三卷第三期发表译作《美国大学》。3月，在《法政学报》第二卷第五期发表硕士论文《中国古代国际法》。6月，北高师史地学会创办《史地丛刊》，任编辑部主任，并作《发刊辞》，发表《西史小记》。在北大授历史研究法课程，以美国史学家鲁宾逊的《新史学》英文原本为课本。10月，在《北大日刊》第708号发表为印度Sharkar著作《史学和人类的希望》所作的序。12月，在《教育丛刊》第四集发表译作《美国大学选科制》、《美国大学教授法》。《美国学制述略》由商务印书馆结集出版，改名《美国教育制度》，并增加附录——《美国学生之自治制》。文章介绍了美国近五十年大学教学法之变化：背诵法已少见，讲演法已减少，实验法盛极一时，这种变化的结果为"师生交际之机会增加，教员感化学生之能力日大"。

1921年（民国十年）32岁

1月，《史地丛刊》第二期发表译作《从历史到哲学》（美国Woodridge著）。该文章认为，历史的目的为保存可信记载和提倡了解史事。历史真理是变化的，愈求愈精，愈求愈明。作史有两个标准：用作者当时的观点去看过去的历史；用古人的眼光看古人历史。4月，北大等北京八所国立专科以上学校发起声势浩大的"索薪运动"，为此成立各校教职员会代表联席会议，是北高师七名代表之一。6月29日，北大、北高师、女高师、尚志学会、新学会等五团体公饯杜威夫妇，与邓萃英代表北高师致辞。7月，与王云五谈中学历史教科书。接受胡适的建议，决定编写一部中学用的《西洋历史》。准备"以'平和的英雄'代替平常历史上的'战争的英雄'；以文化的进步代国家朝代的兴亡"。并用威尔逊《美国史》的办法，本文极少而附注极多；本文皆提纲挈领的要旨，供一般学生的教科书，用大字印；附注或传记，或引原材料，或为详论，供教员参考，或高才学生研究，用小字印。胡适极赞成这种看法。8月，朱希祖为《新史学》译本作序，认为我国当时的史学界"实在是迂腐极了，没有一番破坏，断然不能建设"，而《新史学》的翻译符合摧陷扫清陈腐东西的需要，用功于史学界。"无论那（哪）

一国的史学学说，都应当介绍进来"，《新史学》的翻译是首创，希望留学回来的学者，多译这种书，以指导我国的史学界。9月，美国哥伦比亚大学教育学院院长孟禄教授应邀来华考察教育情况，多次参与接待和有关讨论。

1922年（民国十一年）33岁

1月，《教育丛刊》上发表《西洋中小学中的史学研究法》一文，指出教科书所述史实并非完全可靠，学校不但要教学生历史，还要教如何研究历史，并针对不同年级学生提出教授历史研究法之方案。2月，朱希祖提出《改良中学校历史地理教法议案》，何炳松附议。2月，在《史地丛刊》第二卷第一期上发表《新史学导言》，指出本书所讲虽系西洋史学，但可作为中国研究史学者的针砭，并介绍了《新史学》的主要内容：新史学的意义，史学观念的变迁，历史同各种新学科的关系，西洋思想的变迁，工界中人应读的历史，罗马灭亡的意义，法国革命原理的由来，历史同各种新学科的关系，西洋史学的变迁，法国革命原理的由来，历史光明里面的守旧精神。2月，在《史地丛刊》第一卷第三期发表《读章学诚〈文史通义〉札记》。同期又刊载口译美国德却尔（Dutcher）的讲演稿《美国政府建设之经过》，原拟分三期连载，后仅刊二期，未完。接蔡元培通知，参与整理北大所得的部分清内阁档案。7月，参加中华教育改进社第一届年会。分组讨论时，历史教学组决定成立中小学历史教学研究委员会，与南京高师的徐则陵一起被推举为筹备员并拟定组织简章，分别负责北京和南京的筹备工作通信。后与梁启超、柳诒徵、徐则陵、朱希祖、陈汉章等人被选为该会委员。在该委员会议上，何炳松提出"编辑或讲授历史应以说明历史社会状况之进化，使学生明白现代状况如何而来为标准"。9月，出任浙江省立第一师范学校校长。11月，为《浙江第一师范学校自治会会刊》

创刊三周年作《对于浙江省立第一师范学校学生自治会三周年纪念之感想》。同年，与蔡元培、蒋梦麟等被浙江省省长聘为杭州大学筹备委员。

1923年（民国十二年）34岁

1月，杭州大学董事会成立，何炳松是10位董事之一。3月10日，浙一师发生严重食物中毒事件，至12日，死亡学生达24人。为此数度辞职。当月，在《教育杂志》第十五卷第三号发表《我国教育的墙和我的拆墙主义》，指出，我国教育无法发展的原因在于被学校、教室、讲台三道墙所包围。对教育的涵义"由学校狭到教室，由教室狭到讲台"，拆墙主义就是把教育从学校推广到社会，方法是注重师范教育。又在《教育丛刊》第三卷第一集发表《西洋史与他种科目的关系》，详述历史与地理、文学、政治的关系，认为各科目"各有天然接触的地方"，但不能"牺牲某种科目去迎合他种科目"。5月，《浙江省立第一师范学校毒案纪实》编竣，蔡元培题签，胡适作《一师毒案感言》。6月，参加中华学艺社。7月，《浙江省立第一师范学校毒案纪实》出版，为作《牟言》和《一师毒案之回顾》。任浙一师和浙一中合并后的新一中校长。8月，参加在杭州举行的中国科学社第八次年会。10月1日，《浙江一中周刊》创刊。

1924年（民国十三年）35岁

6月，在《民铎》杂志第五卷第四号发表《民国十三年来之回顾及吾人应有之觉悟》，辞浙一中校长职。任内，经常请国内外专家及名流来校讲演。16日，《浙江一中周刊》终刊，共出版30期。旋进入商务印书馆。7月，《新史学》由商务印书馆出版。9月，在《教育杂志》第十六卷第九号发表《浙江小学教育的现状及其罪人》，认为浙江教育腐败，县知事及县视学等人不称职，社会教育名存实亡，学校教育不合格。造成这一状况的罪人是社会，是"学而优则仕"观念，治标之法是人民关心教育，中学监督小学，优待小学教师等。10月，在《教育与人生》第五十一期发表《中国西洋史学界与陈衡哲之高中西洋史》。《中古欧洲史》由商务印书馆出版，此后多次再版。

1925年（民国十四年）36岁

　　1925年1月，在《民铎杂志》发表《〈史通〉评论》，指出《史通》瑕瑜互见，远逊《文史通义》，其主张以秉笔直书和用当代文字著史为最主要。认为刘知己本来尊孔，因主张直笔而有"疑古"、"或经"之说，批评此书观点多所矛盾，篇目琐碎，可合并若干。又说"吾国史病，病不在通"，而不通之根在于重人物，以至《二十四史》等同史料。纪事本末和通史诸体之可贵，在于轻人重事。1925年2月，《民铎杂志》发表《章学诚史学管窥》，该文对章学诚主张作二十四篇笔录以作《二十四史》提纲之设想极为推崇，认为这实际上是人们期盼已久的中国通史。这种别录法为整理旧史方法中"最为折中至当可行的"，还指出世人多知章氏"六经皆史"之言，而不知其凡著作皆史之论，"此皆尤为独具慧眼之见矣"。1925年2—3月，在《教育杂志》第十七卷第二号上刊发重要历史教学论文《历史教授法》。1925年4月，《学生杂志》上刊发了《改造学风的管见》，针对当时多数学生，抱着高傲态度求学做人，指出：其原因除学生、教师、官厅之外，主要是一部分一知半解的新学者误解新名词，造成学生盲从，改造学风的方法是这些新学者提倡适合国情的新名词，纠正误用的新名词。5月，在《民铎》杂志第六卷第五号发表《五代时之文化》；本期还以"论史学"为名，刊登了姚名达与何炳松的来往书信。7月，《小说月刊》（"五卅"专刊）先生发表了《人类史上的惨杀案》

抨击英帝国主义惨杀中国人民,并概述了世界史上的屠杀事件,指出,"我们要知道,现在世界上的各民族离真正平等的境地还是很远……惟有武力才能够维持国际上平等的地位。所以一个民族要希望其他民族予以平等的待遇,非具有'以眼还眼,以牙还牙'的实力不可。"1925年8月,在《东方杂志》第二十二卷第十五号发表《蒙古史导言并序》。同月,《近世欧洲史》由商务印书馆出版,此书为1920年至1922年在北大史学系执教时所用讲义,大体以美国鲁宾逊与俾耳德合著的《欧洲史大纲》第二卷为蓝本,并取材于二人所著的《现代欧洲史》(History of Europe, Our own Times)。10月,在《史地学报》第三卷第八期发表《拟编中国旧籍索引例议》。11月,与郭斌佳翻译了美国史学家绍特威尔的《西洋史学史》。

1926年(民国十五年)37岁

1月译《历史教学法》,此书为美国约翰生《中小学中的历史研究法》,先生1922年受王云五、朱经农委托翻译,经两年余完成,"译文自信尚还忠实"。何先生对作者主张进化、古今不同,反对以历史为褒贬或作殷鉴的工具,反对专门记忆历史事实与时期的新史学派的观点极表赞同。4月在《醒狮周报》上发表《帝国主义和国家主义》,认为帝国主义是侵略主义,国家主义是自保主义,二者不兼容。国家主义以我国为最早且最发达,五卅可视为我国国家主义的兴起,世界大同必自国家主义普遍实现始,必自爱国始。不图自强而依赖他人,将与社会党人期望资本家发慈悲相同,无异乌托邦。12月,在《东方杂志》第二十三卷第二十三号发表与程瀛章合撰的《外国专名汉译问题之商榷》。

1927年(民国十六年)38岁

1月,为《历史研究法》作序,正史是记注,通史乃撰述,两者相须而成。4月12日，蒋介石发动反革命政变，大肆屠杀共产党人。商务印书馆同仁郑振铎、胡愈之等人写公开信表示强烈抗议，当局极为震怒，郑振铎等处境危险。经何炳松极力疏通，此事终于消释。本月，"醒狮社丛书"出版，内收何炳松《现代西洋国家主义运动史略》一文。7月，《历史研究法》由商务印书馆出版。10月，在《民铎》杂志第九卷第二期发表《"五"的哲学与中国文化》（上），原拟续作，但未见刊出。

1928年（民国十七年）39岁

2月，《教育大辞典》编成。先生系此书特约编辑及撰稿人，撰写历史等方面的条目。6月，在《史学与地学》第三期发表《拉施特元史考》。秋，受大学院之托，与顾颉刚、陈训慈起草《初中历史课程标准》。因顾氏远在广州，遂与陈氏会商完成。8月，应王云五邀请，在上海尚公学校为暑期图书馆讲习所学生讲授"历史研究法"。10月，为《通史新义》作《自序》指出，我国废科举设学校以来，极需通史，但符合现代新史学观点的通史极少，原因是没有利用新方法。同时体裁刘知己首树风声，至郑樵旗帜鲜明，而章学诚最能发扬光大。章氏史学见解卓绝精微，有时远在西洋名史著作上，其论通史利弊，也适用于西洋通史。批评当时史学界运用西方史学统计法、进化论、自然科学法、经济史学观、逻辑学的分类法等方法编通史为"无一非偏而不全，似是而非"。阐明本书宗旨是介绍西方最新的同时义例。提出三点意见：史料与著述分家然后通史明；现在我国流行的通史义例似是而非；通史不宜独尊。10月，于上海为胡适、姚名达所撰《章实斋年谱》增补本作序，名为《增补章实斋年谱序》，并于同年11月发表在《民铎杂志》。同年，《历史研究法》英文注释本（法国朗格罗亚、赛诺波著，原名《历史研究法入门》）由商务印书馆出版。任商务印书馆编译所副所长。

1929年（民国十八年）40岁

1929年元旦，《民铎杂志》发表《历史研究法》。说历史的含义有二：一指人类过去的活动，另一指对这种活动的记载。历史包括经济、政治、教育、艺术、宗教五个方面。历史研究法是探讨人类过去活动真相的方法。历史是纯粹主观的学问，无因果关系。研究历史的三步骤是：搜集、分析、综合材料。1月10日，应郑振铎之求而作《论所谓"国学"》，发表在《小说月刊》上。要求"中国人一致起来推翻乌烟瘴气的国学"，并讲了四个理由：国学二字来历不清；界限不明；违反现代科学的分析精神；以一团糟的态度对待本国的学术。主张分工研究中国学术，具体应分为三步：研究其特质；估定其价值；与世界学术中同一科目作比较以断定其贡献。1月在《小说月报》第二十卷第一号上发表《中华民族起源之神话》，认为中华民族起源之谜尚未解开。那种中国文化渊源于西方而形成的种种新神话，完全是西方学者的自大使然。然而却有很多的中国学者每每堕入学术界"帝国主义"玄中而不自觉。他指出，要解决中华民族起源问题依赖于考古发掘。1月在《史学和地学》发表《历史上演化问题及其研究法》。历史上的演化有特殊性质，应用特殊的方法研究它。社会演化、生理演化不同，其原因是社会中人的生生不息和他们行为方法的变动，表现在习惯、组织、物质状况和人员上。研究社会史的困难有：材料、编比。方法为分析和综合，而最重要的方法是心理的方法，研究中要重视连锁性、共通性、纵、横联系。专史家与通史家要合作。3月，推荐姚名达为商务编辑。春，始译英国史学家古奇的著作《十九世纪之史学与史家》，至8月已过半，但终未完成。9月，任商务印书馆编译所所长。同年，译著《西洋史学史》由商务印书馆出版，为《西洋史学丛书》之一。

1930年（民国十九年）41岁

5月至6月，《程朱辨异》在《东方杂志》第二十七卷第九至第十二号上连载。《通史新义》由商务印书馆出版，此书前曾由华通书局出版。

7月，朱经农等主编的《教育大辞书》由商务印书馆出版，何炳松撰写了部分辞条。

9月，王云五结束半年考察回国，提倡科学管理法。9月22日为《近世欧洲史》增订本第六版作序。12月，出席在南京举行的中华学艺社第四届年会，任讲演股职员。同月，王云五公布编译所各项组织大纲，废除原有各部，激起轩然大波。

1931年（民国二十年）42岁

1月，商务印书馆编译所职员因反对王云五改变原有建制和"编译工作标准章程"，或辞职，或回原部工作，任新职的人员也接连辞职；职工会员大会要求何炳松保持所长职权，并召开上海各界人士招待会，吁请支持。经调解，王云五宣布撤回"标准章程"，编译所恢复原来建制。4月，与程瀛章等共同编写的英汉对照本《百科名汇》由商务印书馆出版。9月，为商务印书馆创立三十周年纪念刊《最近三十五年之中国教育》撰稿，题为《三十五年来中国之大学教育》。认为中国新式学校如同文馆、京师大学堂等是清朝外交失败，因政治上需要而产生的。学生质量低，学科肤浅。"甲午战争"后，开始了较有系统的新教育时代，但清政府办学特点为被动、保守。这期间，教会办学不少。民国成立后，教育制度开始了新纪元，集思广益办教育。1921年以前大学教育上最显著的进步以新文化运动为第一，此外为"五四运动"等。1927年之后以党治国下的大学教育具有六大特点。12月，在《东方杂志》第二十八卷二十四号发表《东三省的国际关系》。主要内容为：总括来说，就是日俄必将我们的满蒙古瓜分了。到那时东三省在名义上即使仍旧为我们的领土，但是恐怕地图的变色为期亦当在不远了。解决东三省完全是我们的责任，而解决这个问题的秘诀就是"自强不息"四个字。

1932年（民国二十一年）43岁

1月29日，商务印书馆被日机炸毁。随后，馆方缩小组织机构，设立总管理处负责所有事务，下设生产、营业、供应、主计、审计五部及秘书处、人事委员会。任首席秘书和人事委员会主任。6月至7月，因拟花三四年时间专心翻译西籍，故向王云五六上辞呈，1932年2月在编译所长任内，曾拟定一个撰写中国史的计划。全书分二百多章，每一章自成一书，请国内历史学者执笔。但仅出版了三四十本，就因"一·二八事变"而告终。"然即就已经出版的三四十本书看来，如果这部书能够成功，无疑的将会成为中国通史中最好的一部。"（郑振铎《悼何柄丞先生》）。8月11日为《浙东学派溯源》作《自序》。叙述此书撰写的起因和经过，提出："要研究中国史学史必须研究中国学术思想史，要研究中国学术思想史必须研究浙东学术史。并指出，程颐是浙东学派的开山祖。朱熹学说与程氏根本不同。南宋以来，程、朱、陆（九渊）三分鼎足。"10月11日商务印书馆在四马路（今福州路）一家春菜馆举行谒师礼，此系为增进学生知能而采取的指定业师负责训练之新措施。先生任主席，并代表馆方致词，要求学生注意德育、智育、体育、群育四方面修养，并提出具体要求。10月，在《东方杂志》第二十九卷第四号发表《商务印书馆被毁纪略》。商务印书馆公布出版"大学丛书"计划，与蔡元培、胡适等51人被聘为"大学丛书"委员。11月，在《图书评论》第一卷第三期发表《刘英士著的〈欧洲的向外发展〉》。12月,《浙东学派溯源》由商务印书馆出版。

1933年（民国二十二年）44岁

4月1日在《东方杂志》第三十卷第七号上撰文,题为《国民教育与制宪》,指出：制宪是重要工作,因为中国已非开海禁以前严密的家庭组织社会。但是,避免亡国的基本条件是普及国民教育。如无此条件,制宪也无济于事,救国须从普及教育入手。1933年为《少年史地丛书》撰写的《秦始皇帝》一书出版。本年审定梁思成等人翻译的《世界史纲》、魏野畴翻译的《美国史》。二书皆属《大学丛书》之一种。1933年为商务印书馆编定教科书《复兴教科书高级中学外国史》上、下二册。冬,中华学艺社决定筹办人事咨询所,下设教育、职业、卫生、法律、出版五个组,与舒新城任出版组组长。

1934年（民国二十三年）45岁

3月,中华文化建设协会成立,陈立夫与邵元冲、吴铁城任正副理事长。8月,复兴教科书高级中学《外国史》由商务印书馆出版。出席在北平举行的中华学艺社第五届年会,任讲演组和论文组职员。9月10日因"一·二八之变"而停刊的《教育杂志》复刊,先生兼任主编,并写复刊辞《本杂志的使命》。提出四个目标,即打倒文盲,建设农村,提倡生产教育,提高文化程度。1934年秋,《复兴高级中学外国史》经教育部审定出版。10月,在《文化建设》第一卷第一期发表《中国的风俗》。11月,在《出版周刊》新一百零二号发表《中国史学之发展》,本文又见于《通史新义》、《浙东学派溯源》。12月,余祥森等编、何炳松等改订的《标准汉译外国人名地名表》由商务印书馆出版,篇幅增加三分之一。当选为中华学艺社理事。

1935年（民国二十四年）46岁

1月，在《东方杂志》第三十二卷第一号发表《随遇而安》。1月10日与王新命等联名在上海各日报及《文化建设》月刊第一卷第四期上发表《中国本位的文化建设宣言》指出，所谓中国本位就是"此时此地的需要"，"要批评的态度、科学的方法、检阅过去的中国，把握现在的中国，建设将来的中国。"据自称在宣言上签字是应朋友的邀请。与孙俍工合编的师范学校教科书《国文》（四册）由商务印书馆出版。当选为中华学艺社理事长。3月31日胡适在《大公报》上发文，《试评所谓〈中国本位的文化建设〉》批评十教授宣言，认为文化本身是保守的，在优胜劣汰的文化变动中，"科学方法"毫无作用。中国旧文化惰性太大，应该让世界文化与之自由接触，借以打掉惰性和暮气，而不必为中国本位担忧。5月10日《文化建设》上发《论中国本位文化建设答胡适先生》和《我们的总答复》，与在全国读书运动大会期间的讲稿《怎样研究史地》同期刊载。6月为庆祝光华大学成立十周年而作的《十年来之世界》指出，第一次世界大战产生了很多困难，加紧了帝国主义的压迫，以为大战结束乃"公理终于战胜强权"是错觉，最近十年的世界史有三个特点：国际纠纷增加；列强努力复兴；弱小民族解放等困难。在《中国新论》第三期发表《中国文化西传考》。7月，任国立暨南大学校长。9月12日暨大开学典礼，讲话，"现在国势危，困难严重，许多人已经无书可读，在国家尚未灭亡之时，我们应如何发愤图强，努力奋斗，以拯救国家，以复兴民族！我们在有书可读之时，应努力读书。"提出学校的培养目标是："要造成复兴民族之斗士，不要造成争权夺利的政客。"毕业学生必须能向海外发展，能立足于世界。12月9日，北平爆发反对日本侵略，要求停止内战的爱国学生运动，上海等地学生群起响应。当月，与上海各大学校长会见上海市市长吴铁城，表示反对华北伪自治运动，要求保持行政统一，领土完整，言论自由，外交公开。

1936年（民国二十五年）47岁

2月，为新创刊的《暨南学报》撰写《发刊词》，并发表《我国史前史的轮廓》一文，以文字出现为标志，将中国历史分为"先史时代"和"有史时代"两部分。"有史时代"始于商朝，此前是"先史时代"，即史前史。这一时代长达三亿六千万年，又可分为四个时期：生物萌芽和恐龙出现；哺乳动物代兴和原人出世；黄土形成和石器文化发展；中国文化起源。……综合国难形势，暨大新设《中国现代问题讲座》课程，聘请校内外专家竺可桢、周谷城、郑振铎、张其昀等讲授。4月，作为上海"北平教育考察团"成员参观北平等地各学校和文化机关。6月，为《暨南大学一九三六届毕业同学纪念册》撰写《牟言》，要求毕业生离校后，实现"忠信笃敬"的校训，努力于民族复兴运动。7月，出席在南昌举行的中华学艺社第七届年会并报告社务，还宣读了论文《国史整理问题》。12月3日，中华学艺社在上海社所庆祝建社20周年，何炳松致辞。在《中华学艺社报》第九卷第四期发表《中华学艺社的责任和前途》。1936年底，为商务印书馆编定教科书《复兴初级中学外国史》上、下两册。托牛津大学的朋友在英国各图书馆中代为搜集关于南洋的书目。1937年秋，《复兴初级中学外国史》（上下）经教育部审定，年底由商务印书馆出版。

1937年（民国二十六年）48岁

5月，为《暨南大学一九三七级毕业纪念刊》撰写《序言》。7月7日，参加在上海举行的中国文化建设协会成立三周年纪念暨第一届全国代表大会。8月13日，日军进攻上海的中国军队，连夜率全校师生从真如校区到位于法租界的中华学艺社社所暂避。1937年秋，《复兴初级中学外国史》经教育部审定，由商务印书馆出版。1937年8月，《时代精神》杂志上发表《中国文化的发展及前途》一文。该文认为，中国能够永存的原因是有独特的文化，"足以随时适应各时代的特殊环境，不致因思想或行为落伍而趋于灭亡。"这种文化的基础是大一统的政治、孝悌力田的社会和讲究纲常名教的儒术。追溯了儒、道、佛三家的兴起及至宋朝融为一体的过程。指出，对传统文化和西洋文化应根据我国的需要而去取。10月，租侨光中学及附近民房上课。11月，赴南昌接洽迁校江西事宜。12月，因战局不利，又拟迁校桂林，并拟定《国立暨南大学战时迁校桂林计划》。

1938年（民国二十七年）49岁

1月初，教育部令暨大暂留租界办学。同月，因在江西、湖南、湖北等省勘察内迁校址时劳累过度，旧疾复发，入长沙湘雅医院治疗，两月后痊愈。3月，在汉口主持召开中华学艺社理事会，决定总社内迁。10月，暨大从法租界迁入公共租界。

1939年（民国二十八年）50岁

2月，为《历代名人家书》作序。8月，在《时代精神》第一卷第一期发表《中国文化的发展及其前途》。12月，为史学系教授陈高佣等编著的《中国历代天灾人祸表》作序。略曰"戊戌政变"以后，新史学已脱离旧经学的羁绊，"勇往发展，颇有'附庸蔚为大国'之风"。新史学的目的在于产生一部尽善尽美的通史。陈氏此书有助于这种通史的早日问世。这部书系《暨大丛书》第一部，此后续出《中华民族之国外发展》、《南洋华侨史》等约三十余种。

1940年（民国二十九年）51岁

1月，与张元济、张寿镛、郑振铎等人联合分别致电教育部和中英庚款委员会，建议搜购上海地区流出的珍本古籍，被采纳。经过近两年的努力，购得大量古籍和近现代文献，仅古籍善本即达4000多种。1940年3月，汪精卫伪政权在南京宣告成立，上海市伪政府发通告，令上海的大中小学一律放假一天以示庆祝。"当时身陷孤岛的院校，大多慑于敌伪淫威，莫敢反抗，大专院校的地下党同志，通过进步学生，要求各校表态。中共地下党组织以商学院经济学会的名义召开会议，请校长表态。先生诚恳地说"请同学们体谅我的处境，我以'曹汉不两立，忠奸不并存'两句话表明我的立场"。1940年秋，应本校历史学会的请求，作有关史学的学术报告。说："历史就是说明历史现状来源的学问。从事历史研究，务须对以往的历史陈迹得到多方面的领悟……做学问不勤学苦学、博览群书不为功。"还勉励同学们要"学以致用"。对当时的形势作分析："国家寇深祸重，救亡日急……我们立身行事都是为国家民族，当前是抗敌御侮，将来则是谋求国家民族的兴复强盛"。11月，主持出版《学林》月刊，以资助生活窘困的爱国学者。

1941年（民国三十年）52岁

6月，为《国立暨南大学二十九年度毕业纪念刊》撰写《序言》。8月，派周宪文、吴修到福建办分校，择建阳县童游镇为校址。秋，与英国乐维斯合译的《中国诗词及昆曲谱》出版。12月7日，太平洋战争爆发。次日，日军占领上海租界，暨大关闭，举校内迁。

1942年（民国三十一年）53岁

1月，受命组建国立东南联合大学。3月，携眷秘密内撤。4月，抵金华，指示暨大金华接待站工作；数次主持东南联大筹委会会议，并亲自勘察联大校址。6月，暨大内迁完毕，取消分校。因战局不利和便于兼顾，东南联大最终亦设于建阳。1942年经常与谢海燕讨论美术史和美术鉴赏等问题。谢回顾说："他（何炳松）认为雕刻、绘画、工艺、建筑等美术作品都是研究历史的宝贵资料，是形象的历史记录，一有空就到教室看学生的作业。"（谢海燕：《抗日战争时期的暨南大学及校长何炳松》）。

1943年（民国三十二年）54岁

5月，为复刊的建阳版《暨大校刊》作《复刊辞》。本期校刊刊登了何炳松的六次报告，内容十分丰富。6月，教育部令东南联大各院分别并入暨大和英士大学。7月，东南联大筹委会正式结束，作《东南联合大学筹备委员会同学录序》。

1944年（民国三十三年）55岁

6月，为恢复原名的建阳版第二期校刊《暨南校刊》作《卷首语》。

1945年（民国三十四年）56岁

1月，暨大发生驱逐总务长盛叙功、教务长许杰事件。6月，为暨大学生司琦所著《升学指导的理论与实际》作序。8月14日，日本无条件投降。不久，邀王亚南来校讲学月余，题目为《中国经济的改造》。10月，先行回沪联系暨大迁校事宜，建阳校务由沈炼之代理。因真如校舍被毁，为解决校舍问题历经波折。

1946年（民国三十五年）57岁

2月，任国立上海商学院筹备委员会主任。并兼任教育部上海区甄审委员会主任。4月，暨大结束校务，迁回上海。5月，免暨大校长职，旋被任为英士大学校长。7月25日，在中华学艺社宿舍内病逝。

后 记

当前，我国历史课程改革如火如荼，已经取得了较大成绩，但依然存在着很多问题。诸如"食洋不化"、"历史味"丧失的悲叹和"历史教育到底为了什么"的追问等，总是如梦魇一样困扰着历史教育。究其原因，一个重要的方面在于我们在学习代表着世界先进水平的欧美教育中忽略了我们自己的根本，较少基于自身历史教育的"历史"实践探索经验和理论研究基础来理性地审视当前现状并选择自我的发展道路。历史是打开现实的一扇窗。站在时代节点，我们必须回望历史，从以往的历史教育中汲取智慧和精神力量。自古以来，我国历史教育有着丰富的内涵，尤其是清末新式中小学堂的设立以来，我国中小学历史教育呈现出勃勃生机，积累了大量经验。在这一过程中，作为主体之一的历史教育名家尤其居功至伟。他们在长期的探索和研究中积累的经验、思想以及体现出来的精神是我国历史教育改革发展的宝贵遗产。

百年以来，我国涌现出梁启超、何炳松、吕思勉、顾颉刚、白寿彝、朱寿桐等一大批历史教育名家。其中，何炳松曾担任过北京大学、北高师等大学历史教师和浙江一师等中学历史教师，多次参与课程标准的研制，多次去教育一线进行教育调查。译介了大量的西方史学、教育、历史教育等方面外国论著，并在批判吸收这些论著所含思想的基础上撰写了大量历史教育论文，编撰了大学教材和初中、高中历史教科书，提出了很多创新性观点，构建了较为体系化的历史教育理论。既有如此丰富的历史教育经历，又有如此厚实的历史教育理论成果，这在当时是其他学者难以企及的。由此，何炳松是史学家关心并积极参与中学历史教育的典型代表，是我国近代历史教育的开拓者之一，是推动我国近代历史教育学科体系建立的第一人，是我国近代最伟大的历史教育家。

何炳松历史教育思想是我国现代历史教育史上一颗璀璨的明珠。它包含着诸多在当时来说具有创建性的观点，如历史教育的目的有"帮助明白现状"、"培养人的智慧"和"推进民族复兴"；中学历史教科书坚持以进化总体史观为指导思想，选材坚持"综合的研究"，选取大量政治史以外的历史内容，反对"欧洲中心论"，给予西亚和南洋地区历史以较多叙述；历史教科书要"简明而切实"、"详近略远"、详于人类"文化重心"等；历史教学应该以"活现过去"为根本原则，提倡"从社会全体入手"，注重"动的"教授法、历史比较法和中小学史学研究法等；历史考试在于促进学生自身发展，应注意知识和能力相结合，评价方式应该灵活多样；历史教育应注意多学科渗透和充分利用教科书以外的课程资源。这些观点即使是在我国历史教育研究已经取得长足进步的今天，仍然熠熠生辉，对于解决当前历史教育的一些困惑具有一定的参考作用。其历史教育思想的本土化、学科性和衔接性思想尤其值得当前历史教育借鉴。

与"何炳松"的最初接触，缘于硕士论文的选题。在导师许序雅教授指导下，笔者参看了聂幼犁教授主编的著作《历史课程与教学论》、金相成教授的《何炳松对历史教育的贡献》、朱煜教授的《论何炳松的历史教育思想》等论文，初步了解到何炳松对我国历史教育做出的巨大贡献，在历史教育史上具有非常重要的地位。同时，何炳松是浙江师范大学所在地金华人，有着乡谊的情感因素和搜集资料的便利条件，于是，我选择了以"何炳松历史教育思想"作为硕士论文研究主题，并于2005年4月完成硕士论文的写作。此后，笔者断断续续对此展开深入研究，公开发表了学术论文10篇。在以上基础上，笔者对该主题展开了进一步探讨，增加了部分研究内容，构建和调整了整体研究结构等，终于形成这本著作。

感谢我的硕士研究生导师许序雅教授和吴潮教授。两位老师先后对我的硕士论文进行了精深的指导，论文写作从选题确立、框架结构的构建，到语句润色、格式规范，无不凝结着他们一丝不苟的心血。在此后的后续研究中，一直到现在，两位老师一直给予着高度的关注和细致的指导。感谢我的博士生导师，著名教育专家杨启亮教授！师从杨老师学习教育学，使我能够更好地站在宏观的教育理论视野去理解历史教育问题。

感谢李稚勇教授、王加丰教授、龚国庆教授、张忠祥教授、王瑞成教授、陈国灿教授、陈可畏教授、周旭东教授在硕士论文选题、开题、答辩时提出的诸多宝贵意见。感谢绵阳师范学院文史学院院长廖胜教授、罗华文教授、副院长罗建军副教授、严润成副教授、王立桩副教授、马泽民副教授、刘华英副教授、曾亚英副教授、贺方润老师等提出的可行性建议和工作上的支持。感谢我的老领导，现成都大学周明圣教授的帮助和指点。感谢张灵红、虞亚琴、王友军、阮铁英、钱静、何继润、钟杰等同门的鼓励和校对。感谢妻子赵海红副教授！她是我生活中的贤内助，事业上的好帮手。在该书写作过程中，她帮我查阅并打印了许多资料，并在交流的过程中使我获得了很多灵感，深受启发。

本研究是国家社科基金一般项目"中国传统教学思想在基础教

育中的现代转换"、四川省高水平研究团队"四川基础教育学科教学改革研究团队"、四川省高校科研创新团队项目"中国传统教学思想在基础教育中的传承与创生"、绵阳师范学院卓越中学教师培养改革项目："'追求卓越'诉求下的中学历史教师培养改革的实践探索"的阶段性成果。该研究得到绵阳师范学院学术著作出版基金项目"何炳松历史教育思想研究"的资助。

何炳松历史教育思想丰富而厚实，深刻影响了我国历史教育的发展。当然，何炳松历史教育思想不可避免地带有时代的局限性。其局限性是与当时的历史条件、社会环境分不开的。我们应实事求是地进行分析，既不应讳言，也不应苛求。笔者试图全面客观地对何炳松教育思想进行分析和研究，希望研究的结果能对人们认识和评价何炳松历史教育思想，以及实现该思想的现代转换有所帮助。但由于何炳松教育思想内涵非常丰富，笔者虽然已尽最大努力，但一定还存在一些不足之处，恳请各位专家指正、赐教。

张天明

2017年12月1日于绵阳雏凤山麓